経営側弁護士
による

精選 労働判例集

第14集

石井妙子　岩本充史　牛嶋　勉
岡芹健夫　緒方彰人　中町　誠
渡部邦昭

労働新聞社

はじめに

　労働紛争には、大きく個々の労働者と使用者が争うもの（個別的労使紛争）と、労働組合等と使用者が争うもの（集団的労使紛争）があります。近年では、解雇・雇止め、労働条件の格差問題、未払い賃金の請求等、多種多様な個別的労使紛争が増加傾向にあるだけでなく、件数の増加とともに内容も複雑化してきております。このような中で、紛争に伴う多大な時間の消費と費用の損失を考えると、労使紛争の未然防止および紛争発生後の適切な対応が必要不可欠といえます。そこで、同種の事案で裁判になったものの内容を精査し、その中から実務面での対応策を検討することはとても有意義なものです。

　本書は「労働新聞」で人気の高い「職場に役立つ最新労働判例」連載記事のうち、2023 年に掲載されたものにつき加筆・修正を加えたもので、今回で第 14 集目の発行となります。第 13 集までと同様執筆者の方に精選していただいた裁判例について、「事案の概要」「判決のポイント」「応用と見直し」の 3 点につき、重要な点を簡潔に解説いただいております。特に「応用と見直し」では、裁判の内容を踏まえて、会社が留意すべき事項を指摘しており、実務上参考になるものとなっております。

　本書が良好な労使関係の構築、労使紛争の未然防止や解決にお役にたてば発行者として幸いです。加えて、第 14 集が発行できたことにつき、読者の皆様に厚く御礼申し上げます。

　最後になりますが、第 14 集およびこれまでの本書シリーズの制作においてご助力を賜りました石井妙子先生、岩本充史先生、牛嶋勉先生、岡芹健夫先生、緒方彰人先生、中町誠先生、渡部邦昭先生（五十音順）に、心より感謝申し上げます。

2024 年 6 月

労働新聞社

目　次

労働条件

❖ 偽装請負の状態であり元請へ直接雇用を求める：岡芹　健夫
　　－竹中工務店ほか２社事件－（大阪地判令４・３・30）………… 10

❖ 育休中に組織改編、配転や役職変更は不利益か：渡部　邦昭
　　－アメリカン・エキスプレス・インターナショナル事件－
　　（東京高判令５・４・27）……………………………………… 14

❖ 直行直帰のMRに事業場外みなし制を適用は？：牛嶋　勉
　　－セルトリオン・ヘルスケア・ジャパン事件－（東京地判令４・３・30）… 18

❖ 直行直帰のMRに事業場外みなし認めた一審は：岡芹　健夫
　　－セルトリオン・ヘルスケア・ジャパン（高裁）事件－
　　（東京高判令４・11・16）……………………………………… 22

❖ シフト希望出さず欠勤、就労意思なく退職扱い：石井　妙子
　　－リバーサイド事件－（東京高判令４・７・７）………………… 26

❖ 内定通知書の月給で採用されたと仮払い求める：中町　誠
　　－プロバンク（抗告）事件－（東京高決令４・７・14）………… 30

❖ 年休の取得認められず欠勤控除、減額分を請求：石井　妙子
　　－阪神電気鉄道事件－（大阪地判令４・12・15）……………… 34

❖ 鉄道乗務員の年休申請を業務上支障ありと拒否：渡部　邦昭
　　－東海旅客鉄道事件－（東京地判令５・３・27）……………… 38

賃金

❖ 有期派遣スタッフは交通費なく不合理な待遇？：岡芹　健夫
　　－リクルートスタッフィング事件－（大阪高判令４・３・15）………… 42

❖ 専任教員のみ手当支給され均衡欠くと賠償請求：中町　誠
　　－学校法人桜美林学園事件－（東京地判令4・12・2）………………… 46

❖ 子ども手当新設して正職員の扶養手当廃止は？：牛嶋　勉
　　－社会福祉法人恩賜財団済生会事件－（山口地判令5・5・24）……… 50

❖ 固定残業代含む年俸額減額、本人同意は不要？：石井　妙子
　　－インテリム事件－（東京高判令4・6・29）…………………………… 54

❖ 賞与支給日の20日前死亡、遺族が支払い求める：岩本　充史
　　－医療法人佐藤循環器科内科事件－（松山地判令4・11・2）………… 58

❖ 在宅勤務の時間虚偽報告、出社や賃金返還請求：緒方　彰人
　　－ITサービス事業A社事件－（東京地判令4・11・16）……………… 62

❖ 業務に必要な経費は個人負担、未払賃金求める：牛嶋　勉
　　－住友生命保険（費用負担）事件－（京都地判令5・1・26）………… 66

❖ 月給決めて歩合給と残業代を振り分ける方法は：中町　誠
　　－未払賃金等請求事件－（最二小判令5・3・10）…………………… 70

❖ 定年時の6割下回る賃金、最高裁はどう判断⁉：石井　妙子
　　－名古屋自動車学校事件－（最一小判令5・7・20）………………… 74

損害賠償

❖ 雇止め訴訟で和解、授業外されパワハラと申告：緒方　彰人
　　－学校法人茶屋四郎次郎記念学園事件－（東京地判令4・4・7）……… 78

❖ 教員公募試験に不合格、公正でないと賠償請求：中町　誠
　　－学校法人早稲田大学事件－（東京地判令4・5・12）………………… 82

❖ 競業避止契約に違反したとSEに損賠請求：岡芹　健夫
　　－REI元従業員事件－（東京地判令4・5・13）………………………… 86

❖ 機動隊員への叱責はパワハラと損害賠償求める：渡部　邦昭
　　－兵庫県警察事件－（神戸地判令4・6・22）…………………………… 90

❖ コロナ禍に有給の自宅待機認められず慰謝料⁉：岩本　充史
　　－関西新幹線サービック事件－（大阪地判令4・6・23）……………… 94

❖ 同じ給油所で兼業、過重労働の会社責任なし？：岡芹　健夫
　　－大器キャリアキャスティングほか1社事件－（大阪高判令4・10・14）… 98

❖ 組織改編し未経験業務に、指導不十分で自殺？：岩本　充史
　　－新潟市（市水道局）事件－（新潟地判令4・11・24）…………… 102

❖ 先輩から暴力受けケガ、病気も発症と賠償請求：牛嶋　勉
　　－東海交通機械事件－（名古屋地判令4・12・23）………………… 106

雇止め

❖ 約20年契約更新した非常勤講師の雇止め有効か：岩本　充史
　　－国立大学法人東京芸術大学事件－（東京地判令4・3・28）………… 110

❖ 更新確定メール送ったが問題行動ありと雇止め：渡部　邦昭
　　－グッドパートナーズ事件－（東京地判令4・6・22）……………… 114

❖ 2カ月の派遣満了、雇止め無効とした一審は？：岩本　充史
　　－グッドパートナーズ事件－（東京高判令5・2・2）……………… 118

❖ 有期雇用は上限5年まで、雇止め有効の一審は：牛嶋　勉
　　－日本通運（川崎）事件－（東京高判令4・9・14）……………… 122

❖ 就業規則変えて更新上限5年、無期転換逃れ？：岡芹　健夫
　　－国立大学法人東北大学（雇止め）事件－（仙台高判令5・1・25）… 126

懲戒処分

❖ 通勤手段を偽り手当受給、退職願出さず解雇に：牛嶋　勉
　　－T大学事件－（東京地判令3・3・18）………………………… 130

❖ 部下への暴行罪で罰金命令、免職処分重すぎ⁉：牛嶋　勉
　　－長門市・長門消防局事件－（最三小判令4・9・13）……………… 134

❖ 同業他社への引抜き計画に関与した3人を懲戒：渡部　邦昭
　　－不動技研工業事件－（長崎地判令4・11・16）……………………… 138

❖ 労働組合へ相談し情報漏えいしたと諭旨退職に：牛嶋　勉
　　－日本クリーン事件－（東京高判令4・11・16）……………………… 142

❖ 部長がパワハラ理由に譴責され処分無効求める：石井　妙子
　　－Cホールディングス事件－（東京地判令5・1・30）……………… 146

❖ 退職申出後、機密情報を私的に保存したとクビ：渡部　邦昭
　　－伊藤忠商事ほか1社事件－（東京地判令4・12・26）…………… 150

❖ 酒気帯び運転し免職、退職金3割支給の原審は：中町　誠
　　－退職手当支給制限処分取消請求事件－（最三小判令5・6・27）…… 154

解雇

❖ 外資系金融の部長解雇、高報酬で地位不安定⁉：岡芹　健夫
　　－バークレイズ証券事件－（東京地判令3・12・13）………………… 158

❖ 勤務不良の改善困難、障害者を採用半年で解雇：岩本　充史
　　－スミヨシ事件－（大阪地判令4・4・12）…………………………… 162

❖ コロナ禍で売上げ激減、全員解雇して会社解散：岩本　充史
　　－龍生自動車事件－（東京高判令4・5・26）………………………… 166

❖ 60歳から嘱託と合意したが懲戒理由に取り消す：緒方　彰人
　　－ヤマサン食品工業事件－（富山地判令4・7・20）………………… 170

❖ うつ病で2年弱休業状態、有期契約の途中解雇：石井　妙子
　　－郵船ロジスティクス事件－（東京地判令4・9・12）……………… 174

❖ 妊娠中の休業を撤回され混乱、業務に支障と解雇：中町　誠
　　－学校法人横浜山手中華学園事件－（横浜地判令5・1・17）………… 178

労働組合

❖ フランチャイズ契約で団体交渉応諾義務あるか：緒方　彰人
　－国・中労委（セブン－イレブン・ジャパン）事件－
　（東京地判令4・6・6）…………………………………………………182

❖ 組合員の解雇を不当労働行為とした労委命令は：中町　誠
　－広島県・県労委事件－（広島地判令5・3・27）………………186

労働災害

❖ 4年前にうつ発病、過重労働で悪化と労災請求：渡部　邦昭
　－北九州東労基署長事件－（福岡地判令4・3・18）……………190

凡　例

最大判	最高裁判所大法廷判決
最一小判	最高裁判所第一小法廷判決
最二小判	最高裁判所第二小法廷判決
最三小判	最高裁判所第三小法廷判決
高判	高等裁判所判決
地判	地方裁判所判決
支判	地方裁判所支部判決
地決	地方裁判所決定
労判	労働判例（産労総合研究所）
労経速	労働経済判例速報（日本経団連）
労判ジャ	労働判例ジャーナル（労働開発研究会）
判時	判例時報（判例時報社）

偽装請負の状態であり元請へ直接雇用を求める

－竹中工務店ほか2社事件－ （大阪地判令4・3・30）

弁護士　岡芹　健夫

［労判1274号5頁］

工事の設計・施工図作成を請け負う会社の従業員が、実態は派遣に当たるとして委託先とその親会社に地位確認を求めた。大阪地裁は、当該従業員は親会社の指揮監督下にあり二重派遣の状態としつつ、親会社は派遣の役務の提供を受けたとはいえないとして派遣法40条の6の要件に該当せず、労働契約申込みみなしの適用を否定。委託先についても同法所定の脱法目的がないとしてみなし適用を否定した。

違法是正に努めたとし、二重派遣にみなし適用せず

 事案の概要

Y1社は、建築工事および土木工事に関する請負、設計および監理等を業とするゼネコンである。Y2社は、Y1社の100％子会社であり、建築工事の設計・施工に伴う図形情報処理業務の受託等を行う会社である。Y3社は、労働者派遣法（以下「派遣法」）に基づく労働者派遣事業、土木工事・建築工事等の設計・施工等ならびに請負を業とする会社である。

Xは、令和元年6月10日、Y3社より採用内定の通知を受けた。7月12日、Y3社の担当者およびXは、Y2社の担当者と打合せを行い、Y2社の担当より、E社工事現場で施工図作成業務を受ける意向の有無を尋ねられ、受諾した。

7月22日、Y3社とXとの間に労働契約が成立した。

Xは、同月25日～同年8月1日まで、Y2社支店において、同月2日から、E社工事作業所（以下「本件作業所」）において、施工図作成等の業務に従事した。Xは、本件作業所での業務を開始して以降、Y1社の担当者から業務指示が行われていることについて偽装請負を疑い、同月13日、労働局に申告を行った。9月30日、Y3社の社長らはXと面談し（以下「本件面談」）、派遣に切り替えることを申し出て、それでも本件作業所で働けないのであれば、しばらくはY3社で業務

を手伝ってもらえないかと尋ねたところXが断ったため、そうであれば他を探してもらうほかないと述べた。

10月5日、Y3社はXに対し、9月30日付け解雇通知書を送付した。Xは、同年11月20日、Y1社およびY2社に対して、本件作業所におけるXの業務は、Y1社による偽装請負であり、派遣法40条の6により、Y1社およびY2社は、Xに労働契約の申込みをしたものとみなされるとし、Y1社に対しては主位的に、Y2社に対しては予備的に、この申込みを承諾する旨通知した。

Xは、Y1社に対して、Y1社との間で、黙示の労働契約または派遣法40条の6に基づき労働契約が成立したとして地位確認等を請求し、Y2社に対しても、同条に基づく地位確認等を請求し、Y3社に対しては、解雇が労働契約法16条および派遣法49条の3第2項に違反して無効として地位確認等を求め、Y1〜3社らに対し共同不法行為に基づく損害賠償を求めて提訴した。

判決のポイント

Y3社は、Xと期限の定めのない労働契約を締結しており、他方、本件作業所における業務は期限付きのものであって、Xを本件作業所の業務にのみ従事させることが予定されていたわけではない。…Y1社が、Y2社を通じてXの採用や賃金の決定に関与したとは認められない。また、…Y1社が、本件作業所におけるXの労働時間を管理し、Xの賃金額を決定していたことを認める…証拠はない。…XとY3社との労働契約が形骸化していたとはいえず、XとY1社との間に事実上の使用従属関係や賃金支払関係等が成立していたとも認めることはできない。

本件作業所における原告の就労は、⑴Y1社がY2社に…業務を委託し、⑵Y2社がY3社に同業務を再委託する…形式をとりながら、…Y1社が…Xに直接指揮命令を行い、Xの労務の提供を受けるという二重の労働者供給（二重派遣）の状態であった。しかし、派遣法40条の6が申込みみなしの対象としているのは、「労働者派遣の役務の提供を受ける者」であるところ、…Y2社は…Xとは雇用関係にはないため、Y1社とY2社は、派遣法2条1項にいう労働者派遣関係には立たない。したがって、派遣法40条の6の申込みみなしの対象には当たらない。

仮に、…Y2社による指示がXに対する指揮命令に当たり、…偽装請負に

当たるとしても、派遣法40条の6第1項5号の適用には脱法目的が必要である。…脱法目的を要件とした趣旨は、…偽装請負に該当するか否かの判断には困難を伴う場合が少なくないことから、客観的に違反行為があるというだけで派遣先にその責めを負わせることは公平性や相当性を欠くためと解される。…指揮命令等を行い偽装請負の状態となったことのみをもって脱法目的は推定されるものではない。Y2社（支店）におけるXの就労について、Y2社に脱法目的を見出すことは困難である。

　本件面談にかけて、…Xは、…（希望する）業務ができないならY3社で働く意味はないとまで述べるに至り、…Y3社はやむなくXに対して他を探してもらうほかないと述べ、…（転職活動中の）賃金を補償する旨を告げたところ、Xはこれに異議を留めず、…退職する…合意が成立…している。仮に、…Y3社から解雇の意思表示があったと見る余地があるとしても、Xは、…Y3社が指示する業務に従事することを拒む態度を明らかにしており、…解雇は有効…である。

　労働局からの通知を受けて以降、Y1〜3社は、直ちに…Xの配席やXに対する業務指示の方法、対価の定め方等、請負の形式に沿わない部分を改め、違法状態を是正しようと努めている…。…違法な形態によるXの就労期間は…約2か月間にとどまる。金銭賠償をもって補てんしなければならない精神的苦痛があるとまでは認められない。

 応用と見直し

　偽装請負における、請負者（実質派遣元）の従業員から発注者（実質派遣先）に対する派遣法40条の6による地位確認請求の事案が、最近、散見される。先例である東リ事件（大阪高判令3・11・4、最三小決令4・6・7は上告棄却、不受理）では、日常的かつ継続的に偽装請負等の状態を続けていたことが認められる場合には、特段の事情がない限り、偽装請負等の状態にあることを認識しながら、組織的に偽装請負等の目的で当該役務の提供を受けていたと推認するのが相当であると解釈し、結論として、派遣先と従業員との雇用関係を認めている。同事件は、提訴した従業員らが概ね10年程度かそれ以上、派遣先にて業務に従事していた点で、本件とは事案および利益状況が相違するが、偽装請負等の目的の認定についての上記説示は、本

件では踏襲されているとは思われず、今後の裁判例が待たれるところである。また、本件では、実質二重派遣という事案の特性が、Y1社に対する地位確認請求を斥ける直接的な理由となっている。派遣法の文理からは自然な解釈ではあるが、如何なる事案関係（それこそ10年に亘る業務従事の事情があるような場合）においても、同様の結論が維持されるかは不透明なところもあるとは思われる。

MEMO

育休中に組織改編、配転や役職変更は不利益か

ーアメリカン・エキスプレス・インターナショナル事件ー
(東京高判令5・4・27)

弁護士　渡部　邦昭　　　　　　　　　　　　［労経速 2522 号 3 頁］

　育休中に組織を改編し、復職した労働者の部署や役職を変更したことが、不利益取扱いに当たるか争われた。一審は、基本給は減少しないなどとして法違反を否定した。東京高裁は、37 人いた部下を 1 人もつけず電話営業に従事させたことは、妊娠前と比べて業務の質が著しく低下し、キャリア形成に配慮せずこれを損なったと判断。復職後の業務の話合いも不十分とした。

キャリア形成配慮せず違法、
37 人いた部下ゼロで話し合いも不十分

 事案の概要

　甲は、クレジットカードを発行する外国会社で日本においてもクレジットカードを発行している会社に、平成 20 年に契約社員として雇用され、22 年から正社員となった。26 年 1 月以降、甲は、セールスチームのチームリーダーになり、個人営業部の部長（営業管理職）として 37 人の部下を持っていた。甲は、27 年 7 月に第二子を出産し、同月から育休等を取得した。

　この間、会社は、平成 28 年 1 月に、組織変更により、4 チームあったセールスチーム（多数の集客が見込ま

れる場所における対面でのカード獲得に向けた活動を行う手法のチーム）を 3 チームに集約するとともに、アカウントセールス部門を新設し、甲がリーダーだったチームは消滅した。甲は、同年 8 月 1 日に、育休等から復帰したが、会社は、同日、甲を新設のアカウントセールス部門のアカウントマネージャーに配置した（本件措置 1）。部下は配置されず、業務の中心は電話営業であった。

　会社は、平成 29 年 3 月、甲の復職後最初の人事評価において、リーダーシップの項目の評価を最低評価の「3」とした（本件措置 2）。また、会社は、

復職した甲に対し、他のフロアにある部屋で執務するように命じた（本件措置3）。甲は、本件措置1記載の復帰から約1年後の同年7月から傷病休暇および療養休職により休業し、31年4月に復職した。甲は本件措置1～3などが、均等法9条3項および育介法10条、就業規則または民法90条の公序良俗に違反し人事権の濫用であって、違法・無効であるとして、損害賠償等を求めて争った。一審（東京地判令元・11・13）は、本件措置の前後を通じて給与の相当割合を占める基本給は減少しないなどとして、甲の請求をいずれも斥けた。これを不服として甲が控訴をした。本判決はおよそ以下のように判示して甲の請求の一部（慰謝料等220万円）を認容した。

 判決のポイント

1 均等法9条3項及び育介法10条違反か否か

　一般に基本給や手当等の面において直ちに経済的な不利益を伴わない配置の変更であっても、業務の内容面において質が著しく低下し、将来のキャリア形成に影響を及ぼしかねないものについては、均等法及び育介法の趣旨及び目的に照らせば、女性労働者につき、妊娠、出産、産前休業の請求、産前産後の休業等を理由として、上記のような不利益な配置の変更を行う事業主の措置は、原則として同各項の禁止する取扱いに当たる。

　ただし、当該労働者が当該措置により受ける有利な影響及び不利な影響の内容や程度、当該措置に係る事業主による説明の内容その他の経緯や当該労働者の意向等に照らして、当該労働者につき自由な意思に基づいて当該措置を承諾したものと認めるに足りる合理的な理由が客観的に存在するとき、又は、事業主において当該労働者につき当該措置を執ることなく産前産後の休業から復帰させることに円滑な業務運営や人員の適正配置の確保などの業務上の必要性から支障がある場合であって、その業務上の必要性の内容や程度及び上記の有利又は不利な影響の内容や程度に照らして、当該措置につき均等法9条3項又は育介法10条の趣旨及び目的に実質的に反しないものと認められる特段の事情が存在するときは、同各規程の禁止する取扱いに当たらないものと解するのが相当である。

2 本件措置1について

　甲に一人の部下も付けないで…業

務に従事させたのは、専ら、甲に育休等による長期間の業務上のブランクがあったことと、出産による育児の負担という事情を考慮したもの（で）、…甲の妊娠、出産、育休等を理由とするものと認めるのが相当である。

甲が復職後に就いたアカウントマネージャーは、妊娠前のチームリーダーと比較すると、その業務の内容面において質が著しく低下し、給与面でも業績連動給が大きく減少するなどの不利益があったほか、…妊娠前まで実績を積み重ねてきた甲のキャリア形成に配慮せず、これを損なうものであった。甲がその後もチームリーダーに復帰していないこと…甲の将来のキャリア形成も踏まえた十分な話合いが行われておらず、…同措置を承諾したものと認めるに足りる合理的な理由が客観的に存在するということはできない。

復職した甲に一人の部下も付けずに新規販路の開拓に関する業務を行わせ、その後間もなく専ら電話営業に従事させたという限度において、均等法9条3項及び育介法10条が禁止する「不利益な取扱い」に当たるほか、会社の人事権を濫用…である。

3　本件措置2について

甲の復職後の仕事への取り組みが芳しくないとか、元々リーダーシップに難点があったということができない…。同措置についても、…人事権を濫用するものであって、公序良俗にも反する。

4　本件措置3について

甲の妊娠、出産、育休等を理由とする…不利益な取扱いに当たるとはいえず、人事権の濫用に当たることも、公序良俗に反することもない…。

 応用と見直し

労働基準法65条3項は、妊娠中の女性労働者が請求した場合は、他の軽易な業務に転換させなければならないと定め、均等法9条3項および育介法10条は、妊娠・出産や産前産後休業および育休取得等を理由とした解雇その他の不利益な取扱いを禁止している。これらの定めは、現在では当然のこととして社会的に定着しているといえるが、「不利益な取扱い」の解釈適用をめぐって裁判上争われることが少なくない。というのは「不利益な取扱い」の解釈については合理的な解釈が可能で、それ故、解釈の幅が広いからである。

リーディングケースとして広島中央

保健生協事件（最一小判平26・10・23）がある。この事件は、妊婦であるXの申出により軽易作業に転換する際に副主任を命じた措置は均等法9条3項に違反せず、生協病院の業務遂行・管理営業上、人事配置上の必要性に基づいて、その裁量権の範囲内で行ったもので、Xの妊娠に伴う軽易な業務への転換請求のみをもって、その裁量権を逸脱して不利益な取扱いに該当しないとした一審・二審判決が破棄されて、差し戻されたものである。そして、差戻し後の広島高裁（広島高判平27・11・17）は、本件降格措置を女性職員を尊重し、職業生活の充実を確保すべき義務に違反する不法行為、労働法上の配慮義務違反（債務不履行）に当たるとして損害賠償請求を認容している。

　本判決も、平成26年最判ならびに平成27年広島高判を踏襲したものであると思われ、上記解釈適用の明確化と定着化が図られたものといえる。今後の同種事案の「不利益な取扱い」の「合理的な解釈」に重要な指針を与えるものである。

MEMO

直行直帰の MR に事業場外みなし制を適用は？

－セルトリオン・ヘルスケア・ジャパン事件－ （東京地判令 4・3・30）

弁護士　牛嶋　勉　　　　　　　　　　　　　　［労経速 2490 号 3 頁］

　事業場外みなし制を適用され直行直帰で働く MR（医療情報担当者）が、労働時間は把握可能として割増賃金を求めた。東京地裁は、労働時間を算定し難いとしてみなし制の適用を認めた。訪問先は裁量に委ねられ、業務報告も軽易だった。スマートフォンで顧客管理システムにログインし出退勤時刻を打刻していたが、同システムは業務予定を入力するものではないとした。

労働時間算定し難いと、みなし労働時間制の適用認める

事案の概要

　被告は、医薬品の製造・販売等を業とする株式会社であり、原告は、医療情報担当者（MR）として就労した。被告の MR は、医療機関を訪問して、被告の扱う医療用医薬品等の医薬情報を医療関係者に提供し、また、医薬品の有効性・安全性に関する情報を医療現場から収集して報告することを主な業務としていた。原告は、被告に対し、未払割増賃金、未払賞与、付加金、慰謝料等の支払いを求めたが、本判決は、原告の請求を棄却した。

判決のポイント

　労基法 38 条の 2 第 1 項によれば、

事業場外労働みなし制を適用するためには、「労働者が労働時間の全部又は一部について事業場外で業務に従事し」、かつ「労働時間を算定し難い」ことを要する。…「労働時間を算定し難い」ときに当たるか否かは、業務の性質、内容やその遂行の態様、状況等、使用者と労働者との間で業務に関する指示及び報告がされているときは、その方法、内容やその実施の態様、状況等を総合して、使用者が労働者の勤務の状況を具体的に把握することが困難であると認めるに足りるかという観点から判断することが相当である（最二小判平 26・1・24…参照）。

　原告の業務は、営業先である医療機関を訪問して業務を行う外回りの業務であり、基本的な勤務形態としては、

－18－

被告のオフィスに出勤することなく、自宅から営業先に直行し、業務が終了したら自宅に直接帰宅するというものであった…。…原告の各日の具体的な訪問先や訪問のスケジュールは、基本的には原告自身が決定しており、上司…が、それらの詳細について具体的に決定ないし指示することはなく、各日の業務スケジュールについては原告の裁量に委ねられていた…。被告は、原告を含むMRに対し、週1回、訪問した施設や活動状況を記載した週報を上司…に提出するよう指示していたが、…週報の内容は極めて軽易なものであり…業務スケジュールについて具体的に報告をさせるものではなかった…。…被告では、平成31年1月以降は、原告を含むMRに対し、…（顧客管理）システムに、訪問先の施設、…活動結果の種別等の情報を入力させていたが、同システムは…各日の業務スケジュールについて具体的に入力するものであったとは認められない。…被告は…MRに対し、被告の備品であるスマートフォンを用いて本件システムにログインした上で出退勤時刻を打刻するよう指示しており…スマートフォンの位置情報を本件システムが利用できるようにした状態で打刻の登録を行うよう指示していたが、本件システムに

よる記録から把握できるのは、出退勤の打刻時刻とその登録がされた際の位置情報のみであり、出勤から退勤までの間の具体的な業務スケジュールについて記録されるものではなかった…。

　原告の…業務は事業場外での労働に当たり、かつ、原告の事業場外労働は労働時間を算定し難い場合に当たるといえ、事業場外労働みなし制が適用される。

　原告は、1日の所定労働時間である8時間労働したものとみなされ、他方で、深夜時間や法定休日に労働に従事したとは認められないから…割増賃金の支払を求める請求は理由がない。

応用と見直し

❖事業場外みなし労働時間制の適用を否定した控訴審判決のポイント

　原告は控訴したが、控訴審（東京高判令4・11・16、労経速2508号3頁）は、事業場外みなし制の適用は否定し、控訴を棄却している。

　被控訴人（一審被告）は、平成30年12月、従業員の労働時間の把握の方法として本件システムを導入し、MRに対して、貸与しているスマート

フォンから、位置情報をONにした状態で、出勤時刻および退勤時刻を打刻するよう指示した…。…仮に、MRが打刻した始業時刻および終業時刻の正確性やその間の労働実態などに疑問があるときには、貸与したスマートフォンを用いて、業務の遂行状況について、随時、上司に報告させたり上司から確認をしたりすることも可能であった…。…本件システムの導入前の平成30年11月までは、労働時間を算定し難いときに当たる…が、本件システム導入後の同年12月以降は、労働時間を算定し難いときに当たるとはいえない。

❖ 事業場外みなし労働時間制

　事業場外で労働し労働時間の算定が難しい場合については、かつては労基則22条により所定労働時間労働したものとみなされていたが、昭和62年改正により、同法38条の2が新設された。

　本判決が引用する阪急トラベルサポート（第2）事件（最二小判平26・1・24）は、「ツアーの開始前には、本件会社は、添乗員に対し…パンフレットや最終日程表…により具体的な目的地及びその場所において行うべき観光等の内容や手順等を示すとともに、添乗

員用のマニュアルにより具体的な業務の内容を示し…業務を…命じている。…ツアーの実施中においても、本件会社は、添乗員に対し、携帯電話を所持して常時電源を入れておき、ツアー参加者との間で契約上の問題やクレームが生じ得る旅行日程の変更が必要となる場合には、本件会社に報告して指示を受けることを求めている。…ツアーの終了後においては、本件会社は、添乗員に対し…添乗日報によって、業務の遂行の状況等の詳細かつ正確な報告を求めている…。これらによれば、本件添乗業務について、本件会社は、添乗員との間で、あらかじめ定められた旅行日程に沿った旅程の管理等の業務を行うべきことを具体的に指示した上で、予定された旅行日程に途中で相応の変更を要する事態が生じた場合にはその時点で個別の指示をするものとされ、旅行日程の終了後は内容の正確性を確認し得る添乗日報によって業務の遂行の状況等につき詳細な報告を受けるものとされている…。以上のような業務の性質、内容やその遂行の態様、状況等、本件会社と添乗員との間の業務に関する指示及び報告の方法、内容やその実施の態様、状況等に鑑みると、本件添乗業務については、これに従事する添乗員の勤務の状況を具体的に把

握することが困難であったとは認め難く、労働基準法38条の2第1項にいう『労働時間を算定し難いとき』に当たるとはいえない」と判断した。

❖実務上の留意点

　事業場外のみなし労働時間制が適用されるか否かについては、適用を否定した裁判例が多いが、その判断は相当微妙である。本判決と控訴審では判断が分かれており、参考になろう。

MEMO

直行直帰の MR に事業場外みなし認めた一審は

－セルトリオン・ヘルスケア・ジャパン（高裁）事件－
（東京高判令4・11・16）

弁護士　岡芹　健夫　　　　　　　　　　　［労判 1288 号 81 頁］

営業先へ直行直帰する医療情報担当者に事業場外みなし制が適用されるとした事案の控訴審。東京高裁は、勤怠管理システムの導入後は労働時間を算定し難い場合には当たらないと判断。週報と併せて業務内容等を確認できたとした。ただし提出された週報からは残業を要する量の業務はうかがわれず、月40時間超の残業に必要な申請もなかったとして、残業代の請求は退けた。

勤怠システムで時間把握可、残業必要なく請求斥け

 ### 事案の概要

　Y 社（被控訴人・一審被告）は医薬品の製造および販売等を業とする株式会社である。X（控訴人・一審原告）は、Y 社と期間の定めのない労働契約を締結し、平成 29 年 7 月より令和 2 年 3 月まで、医療情報担当者（以下「MR」）として就労していた。Y 社の MR は、営業先である医療機関を訪問して業務を行う外回りの業務であり、基本的な勤務形態は、自宅から直接営業先を訪問し、その後直接帰宅するというものであった。

　平成 30 年 12 月、Y 社は新たな勤怠管理システム（以下「本件システム」）を導入した。それは、労働者が、パソコンまたはスマートフォンで同システムにログインした後に、打刻画面において「出勤」または「退勤」ボタンを押すことによって、出勤時間または退勤時間が打刻されるものであった。また、本件システムは、労働者がスマートフォン等の位置情報につき本件システムが利用することを許可していた場合には、本件システム上の位置情報取得機能により、打刻時点における位置情報を把握することができた。

　令和 2 年 3 月、X は Y 社に対し、過去 2 年間の未払賃金等を請求するとともに、Y 社が保有している X に関するタイムカード（本件システムにより記録されているもの）等の労働関係に関する重要な資料を提出するよう請求す

るなどした。その後、Xは、令和2年8月、Y社を提訴した。

一審判決（東京地判令4・3・30、18ページ）は、大要、後述の理由によりXの請求のいずれも棄却した（以下、時間外労働手当に関する部分に限定して紹介する）。

労基法38条の2第1項の事業場外労働みなし制を適用するためには、「労働者が労働時間の全部又は一部について事業場外で業務に従事し」、かつ「労働時間を算定し難い」ことを要する。上記の「労働時間を算定し難い」の該当性の判断は、業務の性質、内容やその遂行の態様、状況等、使用者と労働者との間で業務に関する指示及び報告がされているときは、その方法、内容やその実施の態様、状況等を総合して、使用者が労働者の勤務の状況を具体的に把握することが困難であると認めるに足りるかという観点から判断される（最二小判26・1・24）。Xの各日の具体的な訪問先や訪問のスケジュールはXの裁量に委ねられ、上司が決定したり指示したりするものではないうえ、業務内容に関する事後報告も軽易なものであることなどから、使用者であるY社は、労働者であるXの勤務の状況を具体的に把握することは困難であった。Xの業務は事業場外での労働

に当たり、かつ、Xの事業場外労働は労働時間を算定し難い場合に当たるといえ、事業場外労働みなし制が適用され、Xの所定労働時間は8時間であるから、Xは、1日の所定労働時間である8時間労働したものとみなされる。

もっとも、本件システム上の出勤時刻をもって、Xがその時間から労働に従事していたと認めるのは困難であるし、また、本件システム上の退勤時刻をもって、Xがその時間まで労働に従事していたと認めるのは困難である上、さらに、本件システム上の出勤時刻から退勤時刻までの時間をXの労働時間であると認めることも困難であり、Xが深夜時間や法定休日に労働に従事したとは認められない。

一審判決を受けてXが控訴した結果が本件判決である。

 判決のポイント

ア　事業場外労働みなし制…の「労働時間を算定し難い」ときに当たるか否か

本件システムの導入後（筆者注：平成30年12月）は、MRについて、一律に事業場外労働のみなし制の適用を受けるものとすることなく、始業時刻から終業時刻までの間に行っ

た業務の内容や休憩時間を管理する
ことができるよう、日報の提出を求
めたり、週報の様式を改定したりす
ることが可能であり、仮に、MRが
打刻した始業時刻及び終業時刻の正
確性やその間の労働実態などに疑問
があるときには、貸与したスマート
フォンを用いて、業務の遂行状況に
ついて、随時、上司に報告させたり
上司から確認…することも可能で
あったと考えられ…労働時間を算定
し難いときに当たるとはいえない。

イ　事業場外労働みなし制が適用され
るとしても、深夜業や休日に関する
労基法の規定の適用は排除されない
が、平成30年11月までに、Xが、
深夜時間や法定休日に労働に従事し
たことを認めるに足りる証拠はな
い。平成30年12月から令和2年
2月までの各日、…Xが手入力で出
退勤時刻を入力した日については、
当該出退勤時刻がXの始業時刻ない
し終業時刻であるとは直ちに認め難
い。また、…Xは、大半の日において、
本件システム上の出勤の打刻を自宅
で行い、退勤の打刻を自宅に到着し
た時点ないし到着した以降の時点で
行っていたことが認められる。…X
による出勤の打刻時刻から退勤の打
刻時刻までの間には、労働時間に該

当しない時間が多分に含まれている
といえる。週報の内容や、Xが在職
中に残業に関する申請をしたことが
ないことなどから、Xが従事した業
務の実態が長時間の時間外労働を要
するものであったとは考え難い。

応用と見直し

　本件は、一審判決と本件判決との間
で、結論は同一であったが、事業場外
労働みなし制の要件である「労働時間
を算定し難い」の判断について、判断
を異にしている部分が、実務において
参考かつ留意すべき点となろう。

　本件システムは、使用者がその意思
を持てば、従業員の出退勤時間が把握
できるだけでなく、打刻時点における
従業員の位置情報を把握することがで
きる状態になっていることより、使用
者としては、日報等の活用・工夫も併
せれば（「判決のポイント」アでも指
摘）、「労働時間を算定し難い」とまで
はいえない、と判断されるに至ってお
り、会社側でこうしたシステムを取り
入れた場合、従前の「労働時間を算定
し難い」という事情が変遷するという
ことを示した事例といえる。

　なお、本件判決は、プロセスとして
は、「労働時間を算定し難い」とはい

えず、事業場外労働みなし制の適用がないとしながらも、各論としては、Xに残業申請がないことをもってX主張の時間外労働を否定しているが、これは、事業場外労働みなし制の実施の有無にかかわらず、使用者による適切な残業時間管理にとって重要なポイントである。使用者としては、あくまで従業員の残業は、原則として、個別の必要性に応じて許可（場合によっては事後の承認）でもって管理することが肝要である。

MEMO

シフト希望出さず欠勤、就労意思なく退職扱い

－リバーサイド事件－（東京高判令4・7・7）

弁護士　石井　妙子　　　　　　　　　　　　　　　［労判 1276 号 21 頁］

　シフトの希望日を出さず欠勤し続けたため、退職扱いとされた従業員から地位確認等を求められた事案。就労の意思を欠くとして請求を退けた一審に対し東京高裁は、合意退職の成立を否定したうえで、会社は団交で当該従業員の復職の意思を認識しており、また、コロナ禍とはいえアルバイトを採用していて当該従業員を就労させることは可能だったとして、不就労は使用者の責に帰すべき事由によるものと判断して賃金の支払いを命じ、コロナ禍を勘案して賃金を算出した。

復職求め団交、休業は使用者責任とし
賃金バックペイを一部命じる

 事案の概要

　Xは、Yと期間の定めのないアルバイト契約を締結し、寿司店に勤務していたが、勤務日および勤務時間は「シフト表により定める」とされていた。シフトは、各自が予め希望日を提示し、店長がこれに基づいて決定していたが、平成31年1月以降、Xの希望日は激減し、Xが3月13日以降のシフトを提出せず、その後出勤しなかったため、YはXに4月下旬、社会保険等の資格喪失手続きを開始する旨通知し、7月頃に3月31日付で退職処理した旨通知した。

　Xは、退職の意思表示をしていないにもかかわらず、Yが合意退職扱いをし、労務の受領を拒絶している旨主張して、雇用契約上の権利を有する地位にあることの確認を求め、労務の受領拒絶後の賃金の支払いを求めて提訴した。一審（東京地判令3・3・30）は、合意退職は認められないとして地位確認は認容したものの、Xが出勤しなくなって1カ月近く連絡もせず、今は休むと述べて、問われても復職時期を明確にしなかったことなどから、Xに就労の意思があったと認められず、就労しなかったのはYの責めに帰すべき事由によるものではないとして賃金請求

を棄却した。

　本件控訴審でも地位確認が認められ、また、賃金請求を全部棄却した原判決は一部失当として、令和2年4月以降の賃金請求を認容した。

 判決のポイント

1　合意退職の成否

　Xの退職の意思表示については何ら書面が作成されていないところ、YによるXの退職意思の確認も明確には行われておらず、Yの主張によっても…退職時期が判然としない上、Xは店舗の鍵を所持し、同店舗に私物を置いたままにしていたこと、4月の店長との電話や5月のLINE…において、退職の意思表示を…強く否定し、復職の意思がある旨述べていたことからすれば、Xが…確定的な退職の意思表示をしたと認めることは困難である。

2　解雇の効力

　Yは、4月の通知書面又は6月のLINE又は10月の団交において、解雇…の意思表示をしたと主張する。しかしながら、Yは…原審の口頭弁論終結に至るまで、…合意退職である旨主張し…、…解雇…の意思表示をしたと

認めることはできない。

　Yは、…附帯控訴状をもって…解雇…の意思表示をしたと主張する。しかしながら、Xに、無断欠勤、手続・届出義務違反、業務命令違反、職場秩序妨害、退職要求、就業状況不良、協調性欠如等の解雇事由があったこと（の）証拠は存在しない。また、新型コロナ…の影響により、…事業の縮小を…主張する（が）、…本件店舗や、系列店においてアルバイトの新規採用を行っていること、…新店舗を開店していることなどから…人員削減の必要性が認められない（解雇無効）。

3　賃金バックペイ

　Xは、…Yの責めに帰すべき事由により就労することができなかった期間については、…賃金についてYに請求…できる…。Xは、…（労働組合による）要求書を送付した8月頃まで、復職時期を明確にしていなかった…ところ、…Yにおいては、…人員を補充するため、新たにアルバイト従業員を雇い入れるなどしていたのであるから、Yが、要求書の送付を受けた後、直ちに復職させなかったとしても、Yの責めに帰すべき事由により就労…できなかったとまでは認められない。

　もっとも、Xは、その後、労働組合

を通じて、…（再三）復職を求め…、Yも、Xに復職の意思があることを明確に認識しながら、翌年4月、新たにアルバイト従業員2名を雇用したことからすれば、同月以降、Xを就労させることは可能であったと認めることができる。以後はYの責めに帰すべき事由により就労することができなかったと認めることができる。なお、Yは、団交以降、一貫してXの合意退職を主張して、…争っていたのであるから、Xが復職を求める際にシフトを提出していなかったとしても、右の判断を左右することはない。

賃金額について、…Xは、平成30年12月以降、自ら勤務日数を減少させていた上、…令和2年4月以降、新型コロナウイルス感染拡大により、休業や営業時間短縮を余儀なくされ、深夜営業ができない期間が長期に及んでいる…事情の下においては、…Xの平成30年3月から1年間の平均賃金月額とするのは相当でなく、平成30年12月から同31年3月までの平均労働時間である1か月95時間（令和2年3月以降の営業の実情等にかんがみれば、休業…や深夜営業がなくなったことを考慮しても、95時間程度の労働は可能であった）に時給…を乗じた12万3500円と認めるのが相当である。

応用と見直し

いわゆる「シフト制」は、労働契約の締結時点では労働日や労働時間を確定的に定めず、一定期間ごとに作成される勤務シフトなどで、初めて具体的な労働日や労働時間が確定するような勤務形態を指す。あらかじめ定めてある所定労働日や労働時間がないため、ゼロ時間契約と呼ばれることもある。

労使ともに柔軟な就労・労働力調達が可能というメリットもあるが、トラブルとなった場合、休業手当の制度も、解雇無効の場合の賃金請求（民法536条2項）も、所定労働日や労働時間があってこその労働者保護の仕組みであり、ゼロ時間のままでは従来の労働法制での保護は困難（もしくは工夫が必要）となる。裁判例はまだ少ないが、シフト削減事案において、契約書に所定労働日等の定めがなくとも、以前の勤務実態から週4日と推認して、民法536条2項に基づき賃金支払いを命じたもの（ホームケア事件＝横浜地判令2・3・26）、合理的理由なくシフトを大幅に削減した場合には、シフト決定権限の濫用として違法となり得るとしたもの（シルバーハート事件＝東京

地判令2・11・25）などがある。

　本件も、シフト制のもとで、就労が成立していないのが、使用者側に帰責性のある労務提供の受領拒否といえるか、またそうだとして労働者の請求し得る賃金額をどのように算定するかを判断した一事例である。賃金請求権の認定（ことにXの就労意思の有無）や額については、議論がありそうで、シフト制における解決の難しさを示すものと思われる。

　厚労省は、トラブル防止の観点から「いわゆる『シフト制』により就業する労働者の適切な雇用管理を行うための留意事項」（令4・1・7）を示しており、裁判例や厚労省の提言を参考にシフト制の円滑な運用を考えたい。

MEMO

内定通知書の月給で採用されたと仮払い求める

―プロバンク（抗告）事件―（東京高決令4・7・14）

弁護士　中町　誠　　　　　　　　　　　　　　　　　　［労判1279号54頁］

　採用内定通知書よりも賃金が低い労働契約書を求職者が訂正して会社に提出したところ、雇用契約の申込みを撤回されたため、賃金仮払いを求めた事案の控訴審。東京高裁は、労働契約法6条の合意は認められないと判断。賃金額は求人情報とも異なっていたが、職安法に基づき労働条件が適切に変更されたか否かは、労働契約の成否に直接影響を及ぼさないとしている。

賃金額合意なく契約不成立、変更明示影響なし

 事案の概要

　本件は、債権者が、債務者との間で労働契約が成立したとして、労働契約上の権利を有する地位にあることを仮に定めることを求めるとともに、月給および賞与の仮払いを求めた事案である。原審（東京地決令4・5・2）は、労働条件の賃金について不合意として、労働契約の成立を否定し、本件申立てを却下したため、債権者が抗告した。

　本件の事実経過は、債務者の求人情報（みなし残業45時間分含め月給46万1000円〜53万8000円等）に応じた債権者が、面接終了時に「給与及び手当月額総支給額40万円（45時間相応分の時間外手当を含む）、賞

与120万円」等とする採用内定通知書を受け取った。債権者は、その後受け取った「賃金月給30万2237円、時間外勤務手当9万7763円（時間外労働45時間に相当するもの）退職金なし」等とする労働契約書に署名することを留保し、その後月給の「302,237円」、退職金の「無」の記載を削除するとともに、月給欄に「400,000円」と加筆したものに署名押印し、債務者に提出したというものである。

判決のポイント

⑴　抗告人は、労働契約法6条において賃金の額に関する合意は労働契約成立の不可欠の要件とされておらず、…労働契約が成立していないと

することは労働契約法1条及び6条に違反する旨主張する。

しかし、…抗告人と相手方の間では、労働契約の締結に向けた交渉の過程で、賃金の額について合意できず、結局抗告人が就労するに至らなかったのであって、…「労働者が使用者に使用されて労働し、使用者がこれに対して賃金を支払うこと」（労働契約法6条）についての合意があったとは認められない。

したがって、本件で労働契約が成立していないとすることが労働契約法1条及び6条に違反するとはいえず、抗告人の上記主張は採用できない。

(2) 抗告人は、相手方が本件求人情報で当初明示した労働条件を採用面接の過程で変更したことになるが、職業安定法5条の3に規定する労働条件の変更の明示が適切に行われていないので、労働条件の変更がされていないことが推定され、当初明示された条件で労働契約が成立する旨主張する。

しかし、本件求人情報の条件による労働契約が成立したとは認められないことは、前記…で説示したとおりであり、職業安定法5条の3に規定する労働条件の変更の明示が適切

に行われたか否かといった事情は、労働契約の成否に直接影響を及ぼさない。

したがって、抗告人の上記主張は採用できない。

(3) 抗告人は、採用内定通知書は労働契約の成立を前提に交付されるものであるから、本件採用内定通知書の交付を新たな労働契約の申込みとみるのは相当ではなく、相手方の認識としても、採用面接において相手方から本件採用内定通知書記載の条件が提示され、抗告人がこれに応じていることは明らかであるとして、少なくとも本件採用内定通知書の条件で労働契約が成立している旨主張する。

しかし、そもそも、抗告人は、採用面接において本件採用内定通知書記載の条件が提示されたことも、これに応じたことも否定する趣旨の主張をしているのであって（原審第3準備書面…）採用面接において本件採用内定通知書の条件で労働契約が成立したことの疎明があるとは到底認められない。したがって、抗告人の上記主張は採用できない（本件抗告を棄却）。

本件は、中途採用の過程で賃金額に争いがあり、労働契約の成立が争われた事案である。

従来は労働契約が成立するためには、就労の場所、労務の種類、態様、就労時間および賃金が契約の要素でありこれらの要素につき確定的内容の合意がなされることが契約成立のための不可欠な要件であるとの見解が有力であった。その後労契法6条が、指揮命令に服した労働提供とそのような労働提供に対する賃金支払いの2要素の合意によって労働契約の成立を認めることを明らかにした（ちなみにそれ以前の大日本印刷事件＝最二小判昭54・7・20も、採用内定につき同旨）。

しかし、後者の賃金支払いの合意については、具体的な賃金の合意まで必要か否かは見解が分かれている。日本ニューホランド事件（札幌地判平22・3・30）のように再雇用について「雇用契約において賃金の額は契約の本質的要素であるから、再雇用契約においても当然に賃金の額が定まっていなければならず、賃金の額が定まっていない再雇用契約の成立は法律上考えられない」とする厳格な立場もあれば、インターネット総合研究所事件（東京地判平20・6・27）のように「原告から希望する年俸額として1500万円プラスアルファを提示され、○○所長が概ねこれを了承し」た時点で労働契約の成立を認める立場や、Ｊ社他1社事件（東京地判平25・3・8）のように報酬額の約定がない事案について労働契約の成立を認める立場（最賃法による賃金を適用）もある。本決定は、厳格な立場に属する裁判例ということができる。

採用内定のプロセスについては、新規学卒者について、募集が申込みの誘引、応募が労働契約の申込み、採用内定通知が契約申込みに対する承諾と解する見解がある（前掲大日本印刷事件）。本件はそれと異なり、求人情報の賃金の条件とその後の採用内定通知書の賃金の条件が異なったため、内定通知書交付によって求人情報の内容での労働契約が成立したとは認定せず、内定通知書交付が労働者の応募の意思表示に対する会社の新たな条件による承諾と捉え、民法526条（申込みに変更を加えた承諾）の適用によって新たな申込みとみなした。そして、これに対する労働者の承諾があったかどうかを問題にして、労働者の契約書一部削除等の事実からこれを否定したのである。

仮に抽象的な2要素の合意で労働契約の成立を認める見解を採ると本件はどう処理されたであろうか。労働契約の成立を認め、使用者が認めた採用内定通知書の賃金額を認定する見解もあり得る一方で、これほど明確に賃金額で双方に齟齬がある状態では抽象的な

レベルでの賃金支払合意をも否定せざるを得ないとの見解もあろう。中途採用でままある紛争ではあるが、法的には意外に難しい問題を含んでいる。職種について合意がない事案、家庭の事情がある中で勤務地の合意に至らない事案なども同様の紛争になり得る。

MEMO

年休の取得認められず欠勤控除、減額分を請求

－阪神電気鉄道事件－（大阪地判令4・12・15）

弁護士　石井　妙子

［労経速2512号22頁］

　年休の時季変更権を行使された乗務員が、出勤しなかったところ賃金を控除されたため違法と訴えた。大阪地裁は、会社は代替勤務者を確保して一定数の年休申請を認めており、これ以上は通常の配慮をしても勤務割を変更できなかったとして、時季変更権の行使を有効と判断。年休を付与すると公休日に出勤を命じられる人が出るなど、労使合意に反することも考慮した。

代替確保できず、適法な時季変更で賃金不要

 事案の概要

　Xは、鉄道事業を営むYに雇用されて、車掌として勤務割に基づく勤務をしていたが、平成30年8月19日、1カ月先の9月19日について年次有給休暇（以下「年休」）の時季指定をし、これに対してYが時季変更権を行使したにもかかわらず、同日出勤せず1日分の賃金を減給され、翌20日に欠勤を理由とする注意指導を受けた。なお、19日にはXに先んじて年休申請して認められた者が7人、研修等で勤務振替等が必要となる者も5人おり、その合計が12人に達していて、予備要員等の上限に達していた。

　Xは、時季変更が違法であると主張して、①減給された賃金、②労基法114条に基づく①と同額の付加金、③違法な時季変更権の行使を前提とする注意指導につき不法行為による慰謝料50万円および各遅延損害金の各支払いを求めて提訴した。

 判決のポイント

1　判断枠組み

　勤務割における勤務予定日につき年休の時季指定がされた場合に、使用者としての通常の配慮をすれば、代替勤務者を確保して勤務割を変更することが客観的に可能な状況にあると認められるにもかかわらず、使用者がそのための配慮をしなかった結果、代替勤務者が配置されなかったときは、必要配

置人員を欠くことをもって事業の正常な運営を妨げる場合に当たるということはできない（最二小判昭62・7・10）。

通常の配慮をすれば代替勤務者を確保…することが客観的に可能な状況にあったか否かについては、…年休の時季指定に伴う勤務割の変更が、どのような方法により、どの程度行われていたか、年休の時季指定に対し使用者が従前どのような対応の仕方をしてきたか、労働者の作業の内容、性質、欠務補充要員の作業の繁閑などからみて、他の者による代替勤務が可能であったか、また、年休の時季指定が、使用者が代替勤務者を確保しうるだけの時間的余裕のある時期にされたものであるか、更には、当該事業場において週休制がどのように運用されてきたかなどの諸点を考慮して判断されるべきである。

使用者が通常の配慮をしたとしても代替勤務者を確保して勤務割を変更することが客観的に可能な状況になかったと判断しうる場合には、…使用者（が）何らかの具体的行為をしなかったとしても、…時季変更権の行使が違法となることはない（最三小判平元・7・4）。

2 本件時季変更について

(1) 当該列車所においては、勤務割（勤務実施表）の作成の基本となる乗務循環表及び作成に関する基準が、いずれも労使間の協議（班協議会での協議）を経て定められており、これらに基づき年休取得がされてきた…。なお、当該列車所に所属する車掌の平成28年〜30年の年休の取得率は96％〜97％、平成30年度に時季変更権を行使されたのは4.7％であり、年休を申請するとおおむね取得できる状況にあった…。

(2) Yは、勤務割の中に…代替勤務者を確保していたところ、9月19日…は、Xに先行して年休申請した車掌や社内行事のために勤務できない車掌がおり、Xに…年休を付与すると、確保していた代替勤務者を超える補充要員が必要となり、勤務割で確保された公休日の出勤回避やW勤務の上限の遵守といった、…労使合意により実施されてきた取扱いに反しなければ、補充人員を確保できない状況にあった。これらの事情に照らすと、…使用者が通常の配慮をしたとしても、Xの代替勤務者を確保して勤務割を変更することが客観的に可能な状況にはなかったというべ

きである。

(3) Xは、公休出勤や乗務系統の分割により代替勤務者を確保すべきとするが、年休取得のために公休出勤を命じないことが労使間の合意内容又は慣例となっていたことが認められる。…また、乗務系統の分割については、乗務循環表は、労使の合議体である班協議会において…決定され…Yは、…年休申請や勤務割替の必要性等が生じる都度、各種調整をした上で、相当の労力をかけて勤務実施表を作成している。このような過程を経て労使間で決定された乗務循環表の乗務系統…を分割して他の乗務員に担当させることも、Yが講ずべき通常の配慮ということはできない。

以上により、…Yが…通常の配慮をすれば、代替勤務者を確保して勤務割を変更することが客観的に可能な状況に…なかったといえるから、…本件時季変更は適法というべきである。また、時季変更は適法であるから、…これを理由としてされた注意指導は適法なものであって、不法行為を構成しない。

応用と見直し

働き方改革やワーク・ライフ・バラ

ンスがいわれる今日でも、企業や職場によっては、年休が取得しにくい雰囲気も窺われる。しかし、年休は労働者の権利であり、いざトラブルになると、裁判例は年休を手厚く保護している。

まず、労働者から休暇取得の申出があれば、使用者の許可や承認がなくとも、当然に休暇が成立するとされている（最二小判昭48・3・2）。

一方、使用者にも時季変更権があり（労基法39条5項）、年休取得により事業の正常な運営が妨げられる場合には、時季変更権を行使して休暇を別の日に変更することが可能である。しかし、「繁忙期である」「人手が足りない」というだけで簡単に時季変更権行使ができるわけではなく、使用者は、労働者ができるだけ指定した時季に休暇を取れるよう、状況に応じた配慮をする必要がある（最二小判昭62・7・10）。

自分で勤務交代してくれる人を探してくるように、という対応はままみられるが、一般的には、まず使用者による「通常の配慮」が必要である。本件は、労使合意による制約もあり、客観的に代替要員確保が不可能な状況で、使用者が代替要員確保のための具体的行動をしなかったとしても配慮に欠けることはないとされた事案として、実務対

応上、参考になるケースである。

　なお、人材確保困難のため、近年、恒常的な要員不足により、なかなか休暇取得させられないという場合もあると思われるが、要員不足を放置したままでなされた時季変更権の行使は違法であるとされた例もある（名古屋高裁金沢支判平10・3・16）。これに対し、本件判決の事業所では、年休の取得率が高かった。やはり、忙しい、人が足りないというだけで、簡単に時季変更できるわけではなく、日頃から、希望に沿った年休取得ができるような体制や環境づくりをしていることが重要である。

MEMO

鉄道乗務員の年休申請を業務上支障ありと拒否

－東海旅客鉄道事件－（東京地判令5・3・27）

弁護士　渡部　邦昭

［労経速 2517 号 3 頁］

　新幹線の乗務員が、年次有給休暇を申請したところ就労を命じられたため、時季変更権の行使は違法として慰謝料を請求した。東京地裁は、恒常的な人員不足の状態にあり、常時、代替要員を確保できない場合、時季変更権の行使は許されないと判断。年休予定日の5日前に勤務割を発表したが、行使に必要な合理的期間を超えていたなどとして、請求を一部認容した。

勤務割発表は5日前、時季変更権の行使に慰謝料

 事案の概要

　会社は、昭和62年4月1日、東海道新幹線および東海地方の在来線に係る事業等の運行をすることを業とする株式会社として設定された。労働者甲らは平成27年4月1日から同29年3月31日までの期間（本件期間）、会社の運輸所において新幹線の乗務員として勤務していた者である。

　甲らの年休の申請に対し、会社の時季変更権の行使が労働契約に反するかが問題となった。

　本件の主な争点は、①会社による時季変更権の行使が甲らに対する配慮義務に違反したものとして債務不履行があったといえるか、②恒常的な要員不足に陥った状態のまま行われたものと

して債務不履行となるかである。本判決はおよそ以下のように判示して、会社の債務不履行責任を一部認めた。

 判決のポイント

1　年休の時季指定

　甲らは、会社に対し、前月20日までに年休申込簿の「時季指定日」欄に希望の年休使用日を記入して届け出て、年休の取得を申請していたのであるから、これをもって年休の時季指定権を行使したものと認められる。

2　時季変更権行使の態様

　会社は、…時季変更権行使の有無を検討するに当たり、…就労義務のない

乗務員に対して出勤可否の打診を行うなどして代替要員の確保を試みることはなく、…勤務指定表の発表前に年休の届出を受け付け、これを踏まえて代替要員を織り込んだ勤務指定表を作成して発表し、各日の5日前に日別勤務指定表を発表することによって時季変更権を行使していた。

3　事業の正常な運営を妨げる場合の考え方

　労基法39条5項が年休の時季の決定を第一次的に労働者の意思にかからしめていること、同規定の文理に照らせば、使用者による時季変更権の行使は、他の時季に年休を与える可能性が存在していることが前提となっているものと解されることに照らせば、使用者が恒常的な要員不足状態に陥っており、常時、代替要員の確保が困難な状況にある場合には、たとえ労働者が年休を取得することにより事業の運営に支障が生じるとしても、…法39条5項ただし書にいう「事業の正常な運営を妨げる場合」に当たらず、…時季変更権の行使は許されないものと解するのが相当である。そうすると、…会社は、…時季変更権を行使するに当たり、恒常的な要員不足の状態にあり、常時、代替要員の確保が困難である場合

には、そのまま時季変更権を行使することを控える義務（債務）を負っているものと解することが相当である。

4　代替要員確保義務の問題

　甲らは、いずれも年20日の年休権を付与され、その有効期間は2年間とされていたところ、会社は、年度内に甲らが平均20日の年休を取得できるように適正な要員を確保するという観点から基準人員を算出し、これに基づいて各運輸所に所要の乗務員を配置していたほか、年度中の配置要員数や臨行路等の数の増減の予想を踏まえて休日勤務指定制度を活用しながら乗務員が年休を取得し易くするという対応をしていた。

　本件期間において恒常的に要員不足の状態にあったか否かは、甲らを含む乗務員の年休の取得のために講じられていた会社の施策等も考慮しながら、各年度において甲らが平均20日の年休を取得できる程度の要員が…運輸所に確保ないし配置されていたといえるか否かといった観点から検討するのが相当である。

　会社は、本件期間において、…甲らに対し、恒常的な要員不足の状態のまま時季変更権を行使し、時季変更権を合理的期間内に行使せず…、また、（甲

らは）年休の届出をした前月20日から各日の5日前に時季変更権が行使されるか否かが確定するまでの期間、不安定な立場に置かれ、…以上のような会社の債務不履行の内容及び甲らの精神的苦痛の実情に照らせば、会社は、…慰謝料の支払義務を負う（総額54万円余りを認容）。

 応用と見直し

労働基準法39条5項は、休暇取得時期の特定に関して、労働者の請求する時季に与えなければならないとしつつ、「事業の正常な運営を妨げる場合」は使用者は時季変更権を行使して変更できると定めている。時季変更権の行使の意思表示は、年休の時季指定がなされたのち、事業の正常な運営を妨げる事由の存否を判断するに必要な合理的期間以上には遅延させずにできるだけ速やかに行われることを要する。

(1) 事業の正常な運営を妨げる場合とは、当該労働者の年休指定日の労働がその労働者の担当業務を含む相当な単位の業務の運営にとって不可欠であり、かつ、代替要員を確保するのが困難であることが必要である。換言すれば、業務運営に不可欠な者からの年休請求であっても、使用者が代替要員確保の努力をしないまま直ちに時季変更権を行使することは許されない。

(2) 代替要員の確保は、単位となる業務の組織ならびにこれと密接に関連する業務組織の範囲で配慮されるべきである。

判例（日本電信電話事件＝最三小判平元・7・4）は、勤務割による勤務日指定によって1週間を通して毎日業務を遂行する職場について、年休請求者の代替勤務者確保は、使用者が、「通常の配慮をすれば…客観的に可能な状況になる」場合に要請されるとする。そして、そのような場合に当たるかどうかについては、勤務割変更の方法・実情、年休請求に対する使用者の従前の対応の仕方、当該労働者の作業の内容・性質（代替の難易さ）、欠務補充人員（たとえば管理者）の作業の繁閑（それらの人員による代替の可能性）、年休請求の時期（代替者確保の時間的余裕の程度）、週休制の運用の仕方（休日の者を代替者にする可能性）などの諸点を考慮して判断すべきである、と判示している。そして、この事件では、使用者としての通常の配慮をしたとしても代替勤務者を確保することが客観的に可能な状況にはなかったと判断されたものである。

仮に、人員不足のために代替要員の確保が常に困難な状況であれば、年休権保障の観点から時季変更事由の存在は認められないであろう。

会社が経営を継続していく場合、「適正な人員」についての基準や考え方は使用者の経営判断に委ねられている。余剰人員を抱えながら経営を継続することは困難なことから時間外労働を常態化させることにより業務量の変動に対応せざるを得ないし、恒常的な人員不足の中で人員をやり繰りしなければならないという現実もある。年休権を尊重しながら、時季変更権の行使とぎりぎりの調整を図ることが求められるといえよう。

MEMO

有期派遣スタッフは交通費なく不合理な待遇？

－リクルートスタッフィング事件－（大阪高判令4・3・15）

弁護士　岡芹　健夫

［労判 1271 号 54 頁］

通勤手当の支給がない登録型の派遣スタッフが、労契法旧 20 条の不合理な労働条件として損害賠償を求めた事案。一審は請求を退け、大阪高裁も結論を維持した。同高裁は、短期雇用であり配転の可能性は少なく、手当が支給される業務を選択できたことなどから控訴を棄却した。通勤交通費の負担を考慮して時給を設定し、競合他社と比べて高めに設定したことも不合理性判断の要素としている。

手当不支給の仕事を自ら選択、時給決定時に通勤交通費考慮

 事案の概要

Y 社は人材派遣事業等を業とする株式会社である。X は、平成 15 年 6 月 11 日、Y 社の A1 事業所において、派遣スタッフおよび OS スタッフ（Y 社が受託した業務に従事するスタッフ）等として登録し、平成 16 年 6 月～29 年 6 月までの期間、断続的に、Y 社との間で、派遣スタッフまたは OS スタッフ（以下「派遣スタッフ等」）として、派遣就労等にかかる有期労働契約を締結して、派遣先事業所等において業務に従事した。

Y 社では、雇用形態等の相違によって職種が区分され、職種ごとに異なる就業規則、給与規定または給与規程（以下、総称して「就業規則等」）が定められている。

Y 社は、平成 26 年 9 月～29 年 6 月 30 日までの間、X に対して通勤手当の支給をしていなかったが、無期労働契約社員のうちの一区分の社員に対して、1 カ月定期代（上限なし）の通勤手当を支給しており、両者の間には通勤手当の支給の有無について相違があった。また、Y 社は、無期転換スタッフに対して 1 カ月定期代（ただし、1 カ月の上限は 1 万円）、CW スタッフ（無期派遣労働者）に対して 1 カ月定期代（ただし、1 カ月の上限は 3 万円）の各通勤手当を支給し、派遣スタッフ等と無期転換スタッフおよび CW スタッフとの間には通勤手当の支給の有

無について相違があった。

　派遣スタッフ等の賃金（時給）を決定するに当たって、派遣スタッフ等の募集における競合他社との競争が意識され、通勤手当を支給しないことを前提としつつ、通勤交通費の負担を勘案して、総合的な労働条件を競合他社（通勤手当を別途支給する事業者を含む）に比して遜色のないものにすることが意識され、時給が決定されていた。

　Xは、無期労働契約を締結している従業員とXとの間には、本件相違が存在し、同相違は労働契約法20条（平成30年改正前）に反し、通勤手当の不支給は不法行為に当たるとして、Y社に対し、通勤手当相当額の不法行為による損害賠償等を請求して提訴した。一審判決（大阪地判令3・2・25）はXの請求を棄却したため、Xはこれを不服として控訴した。

 判決のポイント

　派遣労働者について、不合理な待遇ないし格差の是正は、労働者派遣法に定める規律が中心となるとしても、そのことにより、派遣労働者の待遇格差の是正がおよそ労契法20条のうち外となるものではなく、派遣労働者と派遣元との関係についても労働契約法

20条の規律を及ぼす（一審判決の引用）。

　有期契約労働者と無期契約労働者との…労働条件の相違が不合理と認められるものであるか否かを判断するに当たっては、…当該賃金項目の趣旨を個別に考慮すべき…である。なお、ある賃金項目の有無及び内容が、他の賃金項目の有無及び内容を踏まえて決定される場合もあり得るところ、そのような事情も、…個々の賃金項目に係る労働条件の相違が不合理と認められるものであるか否かを判断するに当たり考慮される。

　派遣スタッフ等は、その雇用期間中に就業場所が変更される可能性が少なく、その期間中の自らの就業に伴う通勤交通費を予測することも容易であり、通勤交通費の支出を考慮した上で、JOB等（編注：登録者の希望条件に沿った就業条件等の派遣業務や受託業務）を選択することが可能である。一方、Y社においては、基幹となる人材派遣事業を行う上でこれを担う派遣スタッフ等の確保が重要な経営課題であるところ、…派遣スタッフ等に対して別途通勤手当を支給しないことを前提としつつ、別途通勤手当を支給する競合他社との派遣スタッフ獲得競争も意識して、通勤交通費の負担を勘案して時給

賃金

を比較的に高めに決定してきたことが認められる。これは、就業場所の近隣に居住するなど通勤交通費が低額な派遣スタッフ等については、通勤交通費を控除した実質的な収入がより高くなる労働条件を定めるものということができる。

Ｘが選択可能であったJOBには、通勤手当が時給とは別に支給されるものと支給されないものがあり、Ｘはその中から総合的に判断して自らに有利と考えて、通勤手当が支給されないJOBを選択したはずである。…通勤手当と時給が関連している中で、通勤交通費の負担も考慮した上でJOBの選択ができたことは不合理性判断の一要素である。

控訴人の請求は理由がなく、…原判決は相当である。

 ## 応用と見直し

本判決は、有期契約労働者と無期契約労働者との労働条件の相違に関する旧労契法20条（現在の短時間・有期雇用労働法8、9条の前身）の解釈が問題となった。

有期契約労働者と無期契約労働者との労働条件の相違に関しては、同一労働同一賃金の原則の趣旨を採り入れた旧労契法20条の制定以来、数多くの訴訟で争われ、その不合理性の有無につき判断が分かれてきたところである。令和時代の最高裁判決に限っても、相違が不合理ではない（つまりは合法）とされたメトロコマース事件、大阪医科薬科大学事件（ともに最三小判令2・10・13）等もあれば、逆に相違の多くの部分が不合理とされた日本郵便3判決（東京、大阪、佐賀）（いずれも最一小判令2・10・15）等も存する。しかも、上記の最高裁判決のうち、大阪医科薬科大学事件、メトロコマース事件は使用者勝訴で終了したが、下級審（高裁段階）では相違の一部につき不合理とされ、最高裁において逆転で不合理性が否定されたものである。以上からして、同一労働同一賃金を巡る紛争とは、事案の具体的事実と、その事実を把握したうえでの訴訟当事者（主に使用者側）の主張・理論構成により結論が左右される余地が大きい傾向があるといえる。

本判決は、有期契約労働者への通勤手当の不支給という、比較的、合理性が認められにくい類例において（平30・12・28厚労告430号「同一労働同一賃金ガイドライン」参照）、不合理性が肯定された点で、使用者にとって、実務上、参考になるところは

多い。もちろん、判決の結論に直接的な影響を与えたのは、Y社における派遣スタッフ等の契約条件決定の経緯といった事案の具体的事実ではあるが、その具体的事実も、訴訟当事者（本件ではY社側）において、その内容と評価付けにつき、的確な把握と主張・理論構成ができなければ意味を有しない。そうした事実の把握、主張・理論構成の重要性を示す好例として本判決を紹介した次第である。

MEMO

専任教員のみ手当支給され均衡欠くと賠償請求

－学校法人桜美林学園事件－（東京地判令4・12・2）

弁護士　中町　誠

［労経速2512号3頁］

> 　非常勤教員らが専任教員との間に扶養手当や住宅手当、期末手当に関し不合理な待遇差があるとして損害賠償を求めた。東京地裁は、扶養、住宅手当を生活保障および福利厚生の趣旨で支給するものと認定したうえで、職務内容や兼職禁止に相違があると指摘。継続勤務が想定されるとの原告主張を考慮しても、不合理でないとした。賞与が持つ性質も大きな差異があるとした。

職務内容に相違あり、扶養手当無しは不合理ではない

 事案の概要

 判決のポイント

　原告らは、学校法人桜美林大学の非常勤教員として就労している。本件は、原告らが、⑴平成31年度および令和元年度から、1学期当たりの総授業時間数が50分長くなることへの対価として、基本給のほかに「月額調整分」を支給することが労働条件となったと主張し、⑵本件大学の専任教員との間に、期末手当、住宅手当および扶養手当の支給に関して、旧労働契約法20条もしくはパート・有期雇用労働法8条に違反する待遇の相違があると主張して、差額等の請求を求めた事案である。

1　雇用契約書兼労働条件通知書とともに交付された（月額調整分に関する）本件文書…の記載…からすると、月額調整分は令和元年度に限って支給されるものと解され、本件文書によって月額調整分の支給が労働条件の内容となったとは認められず、その支給の趣旨は、1年限りの特別措置として支給したものであると理解するのが相当である。

2　本件期末手当は、算定期間における労務の対価の後払いや功労報償、労働意欲の向上、生計費補填といった各性質を併せ持つものと認められる。

　非常勤教員は、教育活動のうち

授業実施のみを担当し、これに伴う責任を負うにとどまるほか、勤務時間が開講期間中の授業時間に限られ、兼職が禁止されておらず、実際に複数の収入源を有する例も少なくない。他方で、専任教員は、非常勤教員と同様に授業実施の職務を行うが、専任教員のみが担当する授業科目が存在する上、授業実施以外の教育活動（教育課程の編成や課外支援）や研究活動、大学の管理運営といった多岐にわたる重要な職務を担当し、これらの職務に伴う責任を負い、特に、自律的活動としての研究活動と、その他の職務（教育活動及び管理運営）の両立を求められる立場にある。さらに、専任教員は、週5日のフルタイム勤務であり、本件就業規則により原則として兼職が禁止されていて、その収入を被告からの給与に依存せざるを得ない立場にあり、原則として被告の職務に専念することを前提として、…多岐にわたる重要な職務の担当を求められている…。加えて、大学においては一定数以上の専任教員を確保しなければならないとされていること（大学設置基準13条）を考慮すると、専任教員との雇用契約において、功労報償、労働意欲の向上や生活費補填

の観点を考慮する必要性が高いと考えられる。以上によれば、…期末手当の性質のうち、労務の対価の後払いの性質については共通する側面があるものの、その他の性質に関しては、専任教員と非常勤教員との間には大きな差異があるものと評価するほかない。

3　扶養手当は教職員が家族を扶養するための生活費に対する補助として、住宅手当は教職員の住宅費の負担に対する補助として、いずれも…生活保障及び福利厚生の趣旨で支給されるものということができる。専任教員は、非常勤教員とは異なり、授業実施以外の重要な業務を幅広く担っており、これらの業務に伴う責任を負う立場にある一方で、原則として兼業が禁止され、その収入を被告から受ける賃金に依存せざるを得ないこと、大学においては一定数以上の専任教員を確保する必要があることなどからすれば、生活保障及び福利厚生の観点から上記各手当を支給することに合理性があるといえる。これに対し、非常勤教員…は、授業実施のみを職務とし、授業1コマを単位とする雇用契約を締結し、兼業が禁止されていないこと等に照らせば、相応の継続勤務あるいは長

期雇用が想定される旨の原告ら指摘の事情を考慮しても、専任教員に対してのみ上記各手当を支給することに合理性がないとはいえない（将来請求は却下、その余は請求棄却）。

 応用と見直し

本件は、私立大学の非常勤講師と専任教員との労働条件の差異が旧労契法20条またはパート・有期雇用労働法8条の規定に違反するか否かが争点となった事案である。同様の先例としては、学校法人中央学院事件（東京高判令2・6・24、その後上告不受理）がある。

まず期末手当であるが、本判決は、「判決のポイント」のとおり、職務の差異と責任の差異等を理由にその支給の差異を不合理とはしなかった。賞与に関するこれまでの裁判例では不合理性を認めた裁判例（大阪医科薬科大学事件＝大阪高判平31・2・15）が存したが、同事件は最高裁によって不合理性を否定されるに至っている（最三小判令2・10・13）。

その理由は、当該賞与が正職員としての職務を遂行し得る人材の確保やその定着を図るなどの目的から、正職員に対して賞与を支給することとしたも

のであり、職務の内容等を考慮すれば支給の差異について、不合理性はないとしたものである。

次に家族手当（扶養手当）については見解が分かれる。配偶者および扶養家族がいることにより生活費が増加することは有期契約労働者であっても変わりがないことを理由に不支給の差別は不合理であるとする裁判例（井関松山製造所事件＝高松高判令元・7・8、その後上告不受理）や当該手当は継続的な雇用の確保を目的とするものであり、継続的な雇用が見込まれる短期契約労働者に支給をしないことは不合理であるとする日本郵便事件（最一小判令2・10・15）が存する。本判決は、逆に「判決のポイント」のとおり不合理ではないと結論付けている（前掲中央学院事件もほぼ同旨）。それぞれの企業における当該手当の目的、業種および当該業務の内容、兼職の許容性、人材確保の必要性等によって結論が分かれたというほかないが、混迷は否定できない。ちなみに筆者には非常勤教員の兼職が常態化している点が本判決の決め手のように思える（兼職先でことごとく同手当が発生するのは妥当ではない）。

同様に住宅手当についても、見解は分かれる。配転可能性がある正社員の

場合について、配転の負担軽減措置として、支給の差異に不合理性を認めない例（ハマキョウレックス事件＝最二小判平30・6・1）がある一方、そのような可能性がない場合は生活補助的給付としてその差異に不合理性を肯定する裁判例（科学飼料研究所事件＝神戸地裁姫路支判令3・3・22）がある。しかし、本判決は、配転可能性がないにもかかわらず職務の差異や兼職の許容性、人材確保等の観点から不合理性を否定している。家族手当や住宅手当については「同一労働同一賃金ガイドライン」にも直接の言及がなく、今後ともその不合理性の有無について、争いが残ることとなった。

MEMO

子ども手当新設して正職員の扶養手当廃止は？

－社会福祉法人恩賜財団済生会事件－（山口地判令5・5・24）

弁護士　牛嶋　勉　　　　　　　　　　　　　　［労判 1293 号 5 頁］

　給与規程の変更で扶養手当等が減少した正職員が、不利益変更は無効と主張して差額賃金を求めた。山口地裁は、パート・有期雇用労働法改正に対応するため非正規職員も対象になる子ども手当等を新設したもので、正職員の人件費を手当の原資に充てることの合理性・相当性を認めた。原告らの賃金の減額率は数％で、激変緩和措置を1年から2年間実施したことも考慮した。

賃金減額率は数％、格差是正目的の変更で有効

 事案の概要

　被告設置の病院に勤務している原告らに支給される賃金は、令和2年10月1日に就業規則および給与規程（従来の扶養手当および住宅手当）が変更されたことにより、減少した。原告らは、①主位的に、就業規則等の変更は専ら人件費の削減を目的とするものであることを秘してされたため合理性がなく、②予備的に、労働契約法10条所定の諸事情に照らして合理性を有するとはいえず、同法9条本文により無効であると主張して、被告に対し、変更前の給与規程に従って算出した手当額と既支給額との差額および遅延損害金の支払いを求めた。

 判決のポイント

　本件病院がパートタイム・有期雇用労働法の改正への対応を契機として行った本件旧規定の見直しの結果、手当の支給に関して、納得性のある目的を明確にする必要があるとした上、当初からその旨説明をし、その必要性を踏まえた改定案を示すなどしてきたという経過…を踏まえれば、本件変更は、手当の支給目的を納得性のある形で明確化することを目的として行われたものと認められる。

　本件変更が専ら人件費削減を目的としてされたとは認められない。

　本件病院の総賃金原資…に占める本件変更による減額率は、約0.2％であり…本件病院の職員全体にとっての不

利益の程度としては小さいといえる。…原告らの月額賃金あるいは年収の減額率は高くても数％程度である（5％を下回る）と認められる。

本件病院において、…男性職員にしか支給されていない配偶者手当等を再構築して、子どもを被扶養者とする手当や扶養の有無にかかわらず保育児童について支給される手当を拡充・新設することは、本件病院の職員の多数を占める女性の就労促進という目的に沿うもので、同目的との関連性が認められる上、その内容自体も本件病院の実態に即した相当なものといえる。

持ち家に対する住宅手当…は、…存在意義が薄れているか、その支給目的につき納得性や明確性がないものと理解され、これを廃止する変更を行うことは、手当の支給目的を納得性のある形で明確化するという本件変更の目的に沿うもので、…廃止する合理性・相当性も同様に認められる。

賃貸物件に対する住宅手当について…支給上限額の増額等により若年層の確保を目指すことは、手当の支給目的を納得性のある形で明確化するという本件変更の目的に沿うもので（ある）。

本件変更後1年から2年間の激変緩和措置…が執られたことも…本件変更の相当性を支える一事情である。

以上を総合すれば、本件病院においては、パートタイム・有期雇用労働法の趣旨に従い、非正規職員への手当の拡充を行うに際し、正規職員と非正規職員との間に格差を設けることの合理的説明が可能か否かの検討を迫られる中で、女性の就労促進及び若年層の確保という重要な課題を抱える本件病院の長期的な経営の観点から、人件費の増加抑制にも配慮しつつ手当の組換えを検討する高度の必要性があったところ…本件変更により正規職員らが被る不利益の程度を低く抑えるべく検討・実施され、また、…本件組合の意見が一部参考にされるなど、本件変更へ理解を求めて一定の協議ないし交渉が行われた…。…上記の手当支給目的との関係において、本件旧規定と比較して、本件新規定に係る制度設計を選択する合理性・相当性が肯認されるというべきである。…本件変更は合理的なものである。

 応用と見直し

❖ 労働契約法10条の趣旨

本判決は、労働契約法10条に照らして本件就業規則の不利益変更が合理的で有効であると判断した。

平成19年に立法化された労働契約法10条については、最高裁判所が確立した判例法理を法文化したものであると説明されており、最高裁判例の趣旨によることになる。とくに、賃金等に関する変更については、大曲市農協事件（最三小判昭63・2・16）が「賃金、退職金など労働者にとつて重要な権利、労働条件に関し実質的な不利益を及ぼす就業規則の作成又は変更については、当該条項が、そのような不利益を労働者に法的に受忍させることを許容できるだけの高度の必要性に基づいた合理的な内容のものである場合において、その効力を生ずる」と述べており、その趣旨によることになる。本判決も、この昭和63年最判を引用している。

❖賃金原資の配分方法を合理化した事案

ノイズ研究所事件（東京高判平18・6・22）は、会社が、職能資格制度に基づく職能給を支給する年功序列型旧賃金制度から、職務等級格付に基づく職務給を支給する成果主義新賃金制度に変更したことが争われた事案であり、賃金原資総額を減少させずに、賃金原資の配分方法を合理化したことに特徴がある。

同判決は、「本件給与規程等の変更による本件賃金制度の変更は…不利益性があるが、控訴人は、…従業員の労働生産性を高めて競争力を強化する高度の必要性があったのであり、新賃金制度は、控訴人にとって重要な職務により有能な人材を投入するために、…従事する職務の重要性の程度に応じた処遇を行うこととするものであり、…支給する賃金原資総額を減少させるものではなく、賃金原資の配分の仕方をより合理的なものに改めようとするものであって、新賃金制度は、個々の従業員の賃金額を…職務の内容と当該従業員の業績、能力の評価に基づいて決定する格付けとによって決定するものであり、どの従業員にも自己研鑽による職務遂行能力等の向上により昇格し、昇給することができるという平等な機会を保障しており、かつ、人事評価制度についても最低限度必要とされる程度の合理性を肯定し得るものであることからすれば、上記の必要性に見合ったものとして相当であり、控訴人が…変更内容の概要を通知して周知に努め、…労働組合との団体交渉を通じて、労使間の合意により…変更を行おうと努めていたという労使の交渉の経過や、…経過措置が採られたことなど…諸事情を総合考慮するならば、…上

記の不利益を法的に受忍させることも
やむを得ない程度の、高度の必要性に
基づいた合理的な内容のものである」
と判断した。

❖実務上の留意点

　本判決の事案は、正社員のみに支給
される手当を廃止する一方で相当性の
ある手当を新設したことと、総賃金原
資の減額率が約0.2％、原告らの収入
減額率が数％以下であったことが重要
であろう。

MEMO

固定残業代含む年俸額減額、本人同意は不要？

－インテリム事件－（東京高判令4・6・29）

弁護士　石井　妙子　　　　　　　　　　　　　［労経速 2505 号 10 頁］

　在職中、3度にわたり年俸を減額された元従業員が、同意がなくても固定残業代の減額は有効とした一審を不服として控訴した。一審は職務給の減額のみ無効としていた。東京高裁は、年俸決定権限の濫用に当たり違法と判断。評価、査定の運用は合理性や透明性を欠き、公正性に乏しいとしている。残業時間が少ないなどの理由で固定残業代を自由に減額できないとした。

評価査定根拠欠く、年俸決定権限の濫用で無効

 事案の概要

　Xは、Y社との間で労働契約を締結して、医薬品の営業担当として勤務していたが、次のとおり3回の賃金減額が行われ、医薬品営業担当を外されるなどした後、退職した。年俸（職務給、住宅手当、みなし手当により構成される）の額は減額により 960 万円から、866 万 4000 円、780 万円、702 万円となり、年俸額中に含まれていた「みなし手当」（時間外労働等の対価）22 万円も、18 万 2000 円、11 万円、7 万 7000 円と順次減額された。

　Xは、これら賃金減額について無効を主張して、未払差額賃金の支払請求をするほか、Y社および会社代表者 Y1 らの行為について、不法行為による損害賠償請求等をした。原審（東京地判令 3・11・9）は、職務給の減額は違法・無効であるとしつつ、みなし手当の減額については、いわゆる固定残業代の廃止や減額は、労働者の同意等がなければできない通常の賃金の減額には当たらないというべきであるとして、有効とした。また、不法行為により退職にまで至らせた点は慰謝料等 66 万円とした。X控訴。

 判決のポイント

1　年俸の減額

　Y社における年俸の決定において、相応の客観性・合理性のある手続を履践する仕組みがとられていることか

ら、会社に年俸決定権限を付与した賃金規程の定めが当然に無効であるとまでは認められないとしても、…具体的運用が、合理性・透明性を欠き、公正性・客観性に乏しい判断の下で行われていると認められるときは、…年俸決定権限を濫用したものというべく、そのような年俸の決定は、違法、無効…である。本件の３回の年俸の減額については、期初における受注目標の設定という業績査定の客観性を担保するための措置をとらず、査定面談では…合理的な根拠に基づいて評価、査定したことを窺わせる説明を全くせず、さらに、Xから…年俸額決定について異議を述べられたにもかかわらず、これに一切取り合わなかったものである…。違法な配転命令を引き合いに出して一方的な説明をするなど、(いずれも)合理性・透明性に欠ける手続で、公正性・客観性に乏しい判断の下で、年俸額決定権限を濫用したもので、違法・無効なものといわなければならない。

2　みなし手当の減額

　みなし手当…は、固定残業代として支払う旨合意されていたと認められる。年俸制の合意の内容は、職務給と同様に、みなし手当もその一部に含めるものであったというのであり、…こ

のような、みなし手当を減額できるのは、…会社に最終的な年俸額決定権限を付与した本件賃金規程の定めに基づいて初めて可能で…、時間外労働等に従事していた時間がみなし手当で定められている時間より実際には少ないなどの理由から、会社において自由に減額することはできない性質のものであったというべきである。したがって、職務給減額であれ、みなし手当減額であれ、…客観的な見地からみて、年俸額決定権の行使として適切であって初めて、減額が有効・適法なものと認められる。会社が減額を行うに当たって、…合理性・透明性に欠ける手続で、公正性・客観性に乏しい判断の下で、年俸額決定権限を濫用したものと認められる（固定残業代の減額も無効）。

 応用と見直し

　割増賃金の支払いについては、労基法37条その他関係諸規程により定められた方法により算定された金額を下回らない限り、これをどのような方法で支払おうとも自由である。固定残業代についても、「対価性」（時間外労働等に対する割増賃金として支払われていること）、「明確区分性」（割増賃金部分とそうでない部分が明確に区分

されていること)、「金額適正」(労基
法所定の計算方法による額を上回るこ
と)の各要件を満たしている限り、有
効である。

　ただし、制度の有効性と、いったん
制度として導入した後に、減額・廃止
することの可否とは別である。固定残
業代は、一般に、実際の時間外労働時
間数にかかわらず、予定されている時
間数・金額までの残業代支払いを保証
するものであるから、その減額は不利
益変更の性質を有するものであると考
える。

　減額の可否は固定残業代の定め方、
制度設計次第ということでもある。

(1)　職種や、担当職務によって、残業
　量(時間外労働の時間数)の相違が
　ある場合に、全員一律でなく、職種
　や職務ごとに固定残業代の時間数に
　相違を設けておき、異動や職務変更
　に伴い、固定残業代が変更になる仕
　組みの場合は、当該異動が有効であ
　る限りは、同意の有無にかかわらず
　固定残業代が減額となっても問題は
　ないと解される。言い換えると、配
　転命令の効力の問題となることは
　あっても、不利益変更の問題ではな
　い。

(2)　本人の作業量や契約獲得額に応じ
　て固定残業代の額が変動する仕組み

もあるが、この場合も、計算式が開
示されておりかつ労基法所定の計算
方法により算定される額以上のもの
が支払われている限りは、会社所定
の計算式自体を変更しない限り、変
動について都度の合意は不要であ
る。

(3)　本件のように、年俸および月例給
　として契約内容となっている中に固
　定残業代が含まれている場合も、就
　業規則や雇用契約書により、固定残
　業代の金額を変更する使用者の権限
　やルールが明確になっていて、権限
　行使が権利濫用や、裁量権逸脱・濫
　用にならない限りは、合意なしに変
　更することもあり得ると考える。た
　だし、本件では、規程は整備されて
　いても、合理性・透明性に欠ける手
　続きで、公正性・客観性に乏しい判
　断の下で、年俸決定権限を濫用して
　賃金減額(みなし手当含む)をした
　と判断されて減額無効の結論となっ
　ている。運用に関する教訓といえよ
　う。

(4)　就業規則による不利益変更(労
　働契約法10条)として、固定残業
　代の額を減額することもあり得る。
　もっとも、賃金減額については高度
　の必要性が要求されるから、不利益
　変更のハードルは高い。本件判決

は、年俸決定権限の濫用に該当するから、労働契約法10条の合理性なしとあっさり否定している。しかし、働き方改革やDXのために資本投下した結果、時間外労働の大幅削減ができた場合など、固定残業代の見直しについて、変更の必要性（投下資本の回収等）や、不利益の程度、交渉や説明状況、経過措置などを総合して、不利益変更の合理性が肯定されるケースもあり得ると考える。もっとも、前述のとおりハードルは高いので、金額の変動ができる制度とするのであれば、まずは、制度設計の段階で慎重に検討すべきである。

MEMO

賞与支給日の20日前死亡、遺族が支払い求める

－医療法人佐藤循環器科内科事件－（松山地判令4・11・2）

弁護士　岩本　充史　　　　　　　　　　　　［労判1294号53頁］

> 夏季賞与の支給日の20日前に私傷病で病死した従業員の遺族が、賞与の支払いを求めた。松山地裁は、病死退職に賞与支給日の在籍要件を適用することは公序良俗に反すると判断。病死は事前に予測できず、在籍要件を適用すれば労働者に不測の損害が生じるとした。算定期間は満了するなど支給額は確定した状態で、受給期待は法的保護に値するとして、全額支払いを命じた。

病死に"在籍要件"適用せず　全額支払い命じる

 事案の概要

　本件は、Xの子である亡A（以下「A」という）が、平成21年、Yに正職員として雇用され、Yの運営する有料老人ホーム等で勤務していたところ、令和元年の夏季賞与の支給日の20日前に病死しYを退職したため、当該夏季賞与の支払いがされなかったことに関し、Aの相続人であるXが、Yに対し、未払夏季賞与等の支払いを求めた事案である。

　Yの賃金規程には以下の規定が置かれている。

　医院は、毎年夏季（考課対象期間：前年10月16日〜4月15日）及び冬季（略）の賞与支給日に在籍する従業員に対し、医院の業績、…勤務成績

等を勘案して支給する。

　Yにおいては、夏季賞与が支給される年の前年の12月に、夏季賞与の見込み額がYの従業員に通知される運用となっていた。見込み額は、基本的に、翌年（当該夏季賞与の支給される年）の月額基本給の額の1.5倍の金額で固定されていた（以下「本件運用」という）。夏季賞与の支給額は、前年の12月に通知された見込み額に増減を加えるべき事情（たとえば、産休や育休などで長期欠勤していた場合等）がない限り、上記見込み額のとおりに決定されていた。

　Aは、令和元年の夏季賞与の考課対象期間、継続して勤務していた。

　本件夏季賞与の支給日は、Aが死亡した後の令和元年6月28日であった。

判決のポイント

❖A死亡時点で賞与請求権が発生 していたか

　本件規程によれば、Y理事長の査定を経て賞与の支給の可否や支給額が定まる建前にはなっているものの、…本件運用が定着しており、…夏季賞与の支給見込み額は、前年の12月に従業員にY理事長名にて通知…され、…業績を原因としてその金額が変動したことはなかった。

　Aに長期欠勤などの本件夏季賞与の支給額が前年の通知額を下回るような事情は存しないから、本件夏季賞与の支給額は、…考課対象期間満了日…の経過をもって、具体的に確定したものと認められる。

❖賞与支給日在籍要件の効力

　使用者は、賞与を支給する義務を当然に負うものではないから、…賞与の受給資格のある者の範囲を明確な基準で定めることの必要性を一般に否定することはできない。また、…Yにおける賞与は、…将来の貢献を期待する勤労奨励的な性格も併せ持つものであると解されることから、考課対象期間より後の在籍の有無を考慮することも認

められる。これらに加えて、支給日在籍要件によって、…労働者は、自らが予定ないし企図する退職時期と賞与の支給予定日とを比較対照することで、自らが賞与の支給対象となるか否かを予測することができ、労働者に不測の損害が生じることを避けることができるという利点があることも考慮すれば、支給日在籍要件には合理性が認められ（る）。

　もっとも、本件のような病死による退職は、整理解雇のように使用者側の事情による退職ではないものの、定年退職や任意退職とは異なり、労働者は、その退職時期を事前に予測したり、自己の意思で選択したりすることはできない。このような場合にも支給日在籍要件を機械的に適用すれば、労働者に不測の損害が生じ得ることになる。また、病死による退職は、懲戒解雇などとは異なり、功労報償の必要性を減じられてもやむを得ないような労働者の責めに帰すべき理由による退職ではないから、上記のような不測の損害を労働者に甘受させることは相当ではない。そして、賞与の有する賃金の後払いとしての性格や功労報償的な意味合いを踏まえると、労働者が考課対象期間の満了後に病死で退職するに至った場合、労働者は、一般に、考課対象期

間満了前に病死した場合に比して、賞
与の支給を受けることに対する強い期
待を有しているものと考えるのが相当
である。

本件においては、…本件夏季賞与の
支給額は、…既に具体的に確定してい
たものと評価される状態にあったので
あるから、Aの本件夏季賞与の支給を
受けることに対する期待は、単なる主
観的な期待感の類いのものではなく、
法的な保護に値し得るだけの高い具体
性を備えたものであったといえる。

また、Aが病死によりYを退職した
のが本件夏季賞与の支給日の20日前
であったという事情も考慮すれば、本
件夏季賞与について、本件支給日在籍
要件を機械的に適用して、本件夏季賞
与に係る賞与支払請求権の発生を否定
することは、Aにとって、あまりに酷
であるといわざるを得ない。

 応用と見直し

支給日在籍要件とは、給与規程等に
おいて労働者が賞与支給日に在籍する
ことを支給要件と定めることをいう。
この規定の存在により、使用者は、支
給日前に退職した労働者に賞与を支給
しないこととなる。賞与は、支給対象
期間における勤務を対象に支給される

ため、賃金の後払い的な性格、功労報
償的な性格、生活補填的意味、将来の
労働への意欲向上策等の多様な性格を
有しているものとされている。支給日
在籍要件については、これまでも裁判
例では、大和銀行事件（最一小判昭
57・10・7、退職）、京都新聞社事件（最
一小判昭60・11・28、期間満了退職）、
リーマン・ブラザーズ証券事件（東京
地判平24・4・10、整理解雇には適
用なし）、カツデン事件（東京地判平8・
10・29、定年退職）等でその効力が
争点となったが、本件は労働者が賞与
算定期間勤務したが、支給日の直前に
死亡した者について支給日在籍条項の
効力が認められるかが争われた最初の
事案であると思われ、実務上参考とな
るものである。

本判決は、支給日在籍要件の効力に
ついて、賞与の経済的な性格（賃金の
後払い、功労報償、勤労奨励）および
支給日在籍要件が明記されることによ
り労働者の不測の損害を回避するとい
う観点から合理性を有するとの一般論
を示したうえで、Yにおいては基本的
に、翌年（当該夏季賞与の支給される
年）の月額基本給の額の1.5倍の金額
で固定されていたという運用やYの業
績の変動を原因として、賞与見込み額
と異なる金額の夏季賞与が支給された

ことはなかったという実態を踏まえ、Aに対して支給日在籍要件の適用は民法90条により排除されるべきと判断した。

Yにおける賞与の経済的な性格が賃金の後払い的な性格が強く、とくに勤労奨励の性格があまり認められない（むしろないといってもよいと思われる）という本件事案からすれば、本判決の判断は妥当と考える。

MEMO

在宅勤務の時間虚偽報告、出社や賃金返還請求

－ ITサービス事業Ａ社事件－（東京地判令4・11・16）

弁護士　緒方　彰人　　　　　　　　　　　　　　　［労経速 2506 号 28 頁］

> 　在宅勤務を禁止されたが出社を拒否した従業員が賃金支払いを求めたのに対し、会社は勤務時間の報告に虚偽があったとして賃金返還を求めた。東京地裁は、会社が在宅中の不就労時間を問題にせず賃金を払ってきたとして賃金控除を放棄したと判断。勤務場所を自宅としたうえ出勤を命じる業務上の必要性は認められず、不就労を会社の責めに帰すべき事由による休業とした。

不就労問題にせず欠勤控除を放棄したと認定

 事案の概要

　被告はITソフト開発やSES（編注：システムエンジニアリングサービス）などの事業を行っている会社、原告は被告の従業員（職種デザイナー）である。

　原被告間の労働契約には就業場所は「本社事務所」と記載されているものの、原告が被告事務所に出社したのは初日のほか一度だけであった。原告は業務で使用するメッセージ機能において、他の従業員との間で、被告代表者について「これだけ人辞められててまだ理解できないのかな…負のスパイラルですね…だから、福利厚生とかを良くしてホワイトっぽくしてるんですね」などの内容を含むやり取り（以下

「本件やり取り」）を行った。本件やり取りを知った被告代表者は、原告に対し、管理監督の観点からリモートワーク禁止とし、令和3年3月4日から、会社への通常出勤をするよう求め（以下「本件出社命令」）、出勤がない場合は欠勤扱いとすることなどの内容のメールを送信した。しかし、原告は出勤しなかったため、被告は欠勤を理由に3万8095円のみを支払った。

　そこで、原告が被告に対し3月4日以降、労務の提供をしていないのは「被告の責めに帰すべき事由」（民法536条2項）によるものであるとして、3月4日以降の賃金の支払いを求めた。これに対し、被告は、原告に対し、原告が工数実績表にて報告していた勤務時間には虚偽があったとして一部賃金

の返還を求める反訴を行った。なお被告の業務用パソコンには、当該パソコンのキー操作数、マウス操作数、見ているウィンドウタイトル等を取得するためのツール（以下「本件ツール」）がインストールされていた。

 判決のポイント

① 被告代表者自身が、(1)デザイナーは自宅で勤務をしても問題ない、(2)リモートワークが基本であるが、何かあったときには出社できることが条件である旨供述していること、(3)原告は…自宅で業務を行い、初日のほかに、被告の事務所に出社したのは一度だけであり、被告もそれに異論を述べてこなかったことからすると、…本件契約書の記載にかかわらず、就業場所は原則として原告の自宅とし、被告は、業務上の必要がある場合に限って、本社事務所への出勤を求めることができると解するのが相当である。…本件やり取りも含め、必ずしも業務に必要不可欠な会話をしていたわけではない（が）、その時間が…長時間であるとは認められず…本社事務所への出勤を求める業務上の必要があったとは認められない。…原告が…労務の提供をし

ていないことは、被告が事務所に出社を命じることができないにもかかわらず、これを命じたためであり、被告の「責めに帰すべき事由」…によるもの…である。

② 工数実績表のみでは、原告の労働時間の立証としては不十分といわざるを得ない。…しかしながら…被告は、原告から毎月工数実績表の提出を受け、さらには本件ツールによるログの確認をすることができた中で、実際に原告の不就労時間を問題にすることなく賃金を支払っていることから…仮に原告が勤務していない時間があったとしても、被告は…賃金の控除をすることを放棄したとみるべきであって、現時点において…当該時間に相当する賃金の返還を請求することはできない。

 応用と見直し

① 原被告間の労働契約書においては、「就業場所」は本社事務所と記載されていたものの、本件判旨は、原告の就業場所を原告の自宅（在宅勤務）を原則とし、被告は業務上の必要がある場合に限って、本社事務所への出勤を求めることができるものと認定した。被告代表者の認識や

入社後の就業実態等から上記認定（契約解釈）を行ったものであるが、契約解釈においては、契約書上の表示（記載）のほか、当事者の目的（意図）や当該契約に至った事情等が考慮されることに留意が必要である。

② ①を前提とすると、被告は、原告に対し、業務上の必要がある場合に出社勤務を命ずることができるが、本件判旨は、原告によるメッセージ機能を用いた会話が長時間であったとは認められないなどとして、業務上の必要性を否定した。在宅勤務(テレワーク)を認める場合でも、業務の内容から、対面で行う必要が生じたり、あるいは在宅勤務は、上司と部下とが離れた場所で勤務を行うため、十分なコミュニケーションが取れなかったり、労働者側においてセルフコントロール（自律的な働き方）ができず、勤務の懈怠、業務成果が上がらない等といった問題が生ずることが想定される。こうした場合に備えて、在宅勤務を認めるにしても、業務上の必要に応じて出社勤務を命じ得るようにしたり、在宅勤務の許可を解除することができるよう設計しておくことが望ましい。本件においては、出社命令の業務上の必要性が否定されたものの、私語の態様や

時間、頻度等によっては、自律的な働き方ができないものとして、出社を命じることもできるものと解される。

③ 本件判旨は、原告が（本件出社命令以降）労務の提供をしていないこと（履行不能）は、被告が出社を命じることができないにもかかわらず、出社を命じたためであるとして、被告の「責めに帰すべき事由」（民法536条2項）によるものであるとして、原告の賃金請求を認容した。在宅勤務者の場合、在宅にて勤務できるから、出社命令が無効であっても直ちに労働義務（在宅勤務）が履行不能となるものではないと思われるが、本件では、被告代表者は、本件出社命令とともに、出社しない場合、欠勤扱いとすることを明言し、事前に出社しない場合の労働者の就労を拒否する意思を明確にしているから、（出社せずに行う）労働義務も履行不能となっていると解される。

④ 在宅勤務中の中抜け時間（不就労時間）については、使用者が把握することとしても（休憩時間として取り扱いその分終業時刻を繰り下げる、あるいは賃金控除する等）、把握しないで始業および終業時刻のみ

を把握することも可能であるが、いずれにしても、中抜け時間の取扱いについては、事前に就業規則等で定め、同規則等の定めに沿って取り扱うことが重要である。本件では、原告から提出される工数実績表と本件ツールによるログを確認すれば、不就労時間の把握もできたと思われるが、被告は不就労時間の確認もせず、工数実績表に基づき賃金の支払いを行ってきたから、不就労時間についても賃金控除しないものと取り扱っていたと認定されてもやむを得ない。

MEMO

業務に必要な経費は個人負担、未払賃金求める

－住友生命保険（費用負担）事件－（京都地判令5・1・26）

弁護士　牛嶋　勉

［労判 1282 号 19 頁］

保険会社の営業職員が、資料の印刷代や顧客への物品代等を賃金から控除されたため、全額払いに反すると訴えた。京都地裁は、営業活動費の控除を一部無効とした。物品等の利用は義務付けられていなかったが、控除に明示的に異議を述べた時期以降について個別合意の成立を否定した。一律定額の負担が義務付けられた印刷代の控除に同意したとは認められないとしている。

営業活動費の控除一部無効、資料印刷代も会社負担

 事案の概要

原告は、生命保険会社である被告の営業職員であり、被告に対し、被告が原告の賃金から業務上の経費を控除したことは労働基準法 24 条 1 項の賃金全額払いの原則に反し許されず、被告の業務のために携帯電話を使用したなどと主張して未払賃金等の支払いを求めた。

 判決のポイント

賃金は、直接労働者に、その全額を支払わなければならず（賃金全額払の原則。労働基準法 24 条 1 項本文）、使用者が賃金支払の際に適法に控除を行うためには、書面による協定が必要

である（同項ただし書）。…同項ただし書については、購買代金、社宅、寮、その他の福利、厚生施設の費用、社内預金、組合費等、事理明白なものについてのみ、労使協定によって賃金から控除することを認める趣旨である…。（昭 27・9・20 基発 675 号、平 11・3・31 基発 168 号でいう）事理明白なものとは、労働者が当然に支払うべきことが明らかなものであり、控除の対象となることが労働者にとって識別可能な程度に特定されているものでなければならないが、労働者がその自由な意思に基づいて控除することに同意したものであれば、労働者が当然に支払うべきことが明らかなものに該当する。

本件協定は、労働者がその自由な意思に基づいて同意したものに適用する

限りにおいては、事理明白なものであり、有効である。

労働契約上、賃金からの控除を適法なものとして認めるためには、別途、労働協約又は就業規則に控除の根拠規定を設けるか、対象労働者の同意を得ることが必要である。

控除の対象が、使用者から義務付けられ、労働者にとって選択の余地がない営業活動費である場合には、自由な意思に基づく合意とはいえず、賃金からの控除は許されない。

個別合意が有効成立していたといえるかについて検討する（と）、原告と被告との間で、その注文の都度、…当該物品等を原告の費用負担で購入し、当該購入代金を原告の給与から引き去ることについての個別合意が成立した。

募集資料コピー用紙トナー代は…全営業職員に一律に定額で課される負担金である…。…原告と被告との間で個別合意があったことを認めるに足りる証拠はな（い）。

原告は、平成31年1月からの賃金控除について明示的に異議を述べた…から、少なくとも同月分以降については…原告の賃金から控除することにつき原告が同意していたと認めることは困難である。

本件費用（「携帯端末使用料」、「機関控除金」及び「会社斡旋物品代」）については、募集資料コピー用紙トナー代を除き、平成30年12月分までは、いずれも有効な個別合意が成立していると認められるが、平成31年1月分以降については、個別合意の存在を認めることはできない。

原告が、個人用のスマートフォンに加えて、業務専用の携帯電話を別個に契約して使用することが必要不可欠であったとまでは認められない。…本件携帯電話が被告の業務のためにのみ使用されたと認めることもできない。…本件携帯電話の料金請求は認められない。

 応用と見直し

❖ 賃金からの控除

労働基準法24条1項は、賃金全額払いの原則を定めており、法令もしくは労使協定に別段の定めがある場合を例外として認めている。この労使協定は、「24条協定」とも呼ばれている。

本判決のとおり、賃金から一定の項目を控除するためには、24条協定を締結するだけではなく、控除する根拠として、労働協約または就業規則（給

与規程等を含む）の定め、もしくは対象労働者の同意が必要であると考えられる。24条協定は、労基法違反を免れさせる刑事免責的効力を有するが、賃金からの控除を根拠付ける民事的効力があるわけではないからである。

本件事案では、令和2年2月に被告の「営業職員就業規則」が改正され、次の条項が追加された。「営業職員が営業活動において使用等した以下の物品等の代金または費用については、賃金から控除することができる。1、募集資料等有料物品購入代金　2、市場対策・販売促進経費個人負担金　3、通信教育経費および各種受験経費個人負担金　4、会社設備使用時の個人負担金　5、会社が認めた諸研修会費　6、所属長と部下職員の間で引き去り合意のあるもの」。

本件事案では、原告は、携帯電話料金を除くと、令和2年3月までの控除を争った。

❖ 参考になる裁判例

東京エムケイ事件（東京地判平29・5・15）において、タクシー乗務員の原告らは、「被告が…原告らの毎月の賃金から…差し引いている健康管理費は、給与規程上、控除の根拠がない。…健康管理費は健康診断費用に充てられ…その費用も使用者が負担すべきであり、労働組合との協定によっても、これを賃金から控除することはできない」等と主張した。これに対し、同判決は、「被告と被告労働組合との…協定書…には、以下の記載があり、…両当事者の記名押印がある。」「下記の項目…は甲（被告）が乗務員の給与より控除することができる。（中略）健康管理費」「健康管理費は労働協約…により適法に控除されていたものと認められ（る）」と判断した。

富士火災海上保険事件（東京地判平20・1・9）は、原告らから、顧客が保険料を分割払い等により口座振替で被告に支払う場合の口座振替手数料相当額を、原告らの月例給与から控除することにした被告の措置（給与規程の改定）は、原告ら所属組合ないし原告らの同意もなくなされているなどと主張して、不当利得返還を請求した事案である。同判決は、「労働基準法24条ただし書き後段の効力は、使用者において同条の全額払いの原則に違反する賃金の支払いがあった場合の刑事罰の免罰としての効力は認められても、多数派組合のほかに少数派組合が併存し、当該少数組合がこれに同意しておらず、かつ、その組合員が個別にも上記控除の取り扱いに同意していない場

合においては、彼らに対してその効力を及ぼすことはできない」「原告らは…組合員で、同組合が上記被告の取り扱いに同意しておらず、原告らが個別に同意してもいないことは明らかであり、…各種保険料の口座振替手数料実費相当分を同人らの給与から控除した行為は…法24条に違反する」と判断した。

❖実務上の留意点

24条協定は、刑事免責的効力を有するが、賃金からの控除を根拠付ける民事的効力はないから、控除するためには労働協約、就業規則、本人の同意等の根拠が必要である。

MEMO

月給決めて歩合給と残業代を振り分ける方法は

－未払賃金等請求事件－（最二小判令5・3・10）

弁護士　中町　誠　　　　　　　　　　　　　　　　　　　　　［最高裁Web］

月給から基本給を控除し、その残額を歩合給と割増賃金に割り振っていた事案で、最高裁は原審を破棄して割増賃金が支払われていないと判断。残業時間に応じて時間外手当は増えるが調整手当が減る仕組みだった。賃金制度を見直して歩合給の一部を名目のみ調整手当に置き換えたもので、通常の労働時間の賃金を相当程度含むため、割増賃金部分と判別できないとした。

名目のみ置き換え、通常の賃金と判別できない

 事案の概要

被上告人においては、雇用契約締結当時、就業規則の定めにかかわらず、日々の業務内容等に応じて月ごとの賃金総額を決定したうえで、その賃金総額から基本給と基本歩合給を差し引いた額を時間外手当とするとの賃金体系が採用されていた。

被上告人は、平成27年5月、熊本労働基準監督署から適正な労働時間の管理を行うよう指導を受けたことを契機として、就業規則を変更した。新たな賃金体系では、このうち本件時間外手当の額は、基本給、基本歩合給、勤続手当等を通常の労働時間の賃金として、労基法37条等に定められた方法により算定した額であり、調整手当の額は、本件割増賃金の総額から本件時間外手当の額を差し引いた額である（本件割増賃金の総額の算定方法は旧給与体系と同様に業務内容等に応じて決定される月ごとの賃金総額から基本給等の合計額を差し引いたものである）。

新給与体系の下において、上告人を含む被上告人の労働者の総労働時間やこれらの者に現に支払われた賃金総額は、旧給与体系の下におけるものとほとんど変わらなかったが、旧給与体系に比して基本給が増額された一方で基本歩合給が大幅に減額され、上記のとおり新たに調整手当が導入されることとなり、この仕組みの適否が問題となった。

判決のポイント

　新給与体系の下においては、…本件
時間外手当と調整手当とは、前者の額
が定まることにより当然に後者の額が
定まるという関係にあり、両者が区別
されていることについては、本件割増
賃金の内訳として計算上区別された数
額に、それぞれ名称が付されていると
いう以上の意味を見いだすことができ
ない。

　そうすると、本件時間外手当の支払
により労基法37条の割増賃金が支払
われたものといえるか否かを検討する
に当たっては、本件時間外手当と調整
手当から成る本件割増賃金が、全体と
して時間外労働等に対する対価として
支払われるものとされているか否かを
問題とすべきこととなる。…調整手当
の導入の結果、新給与体系の下におい
ては、基本給等のみが通常の労働時間
の賃金であり本件割増賃金は時間外労
働等に対する対価として支払われるも
のと仮定すると、上告人に係る通常の
労働時間の賃金の額は、…19か月間
を通じ、1時間当たり平均約840円
となり、旧給与体系の下における水準
から大きく減少することとなる。

　上告人については、上記19か月間
を通じ、1か月当たりの時間外労働等

は平均80時間弱であるところ、これ
を前提として算定される本件時間外手
当をも上回る水準の調整手当が支払わ
れていることから…、本件割増賃金が
時間外労働等に対する対価として支払
われるものと仮定すると、実際の勤務
状況に照らして想定し難い程度の長時
間の時間外労働等を見込んだ過大な割
増賃金が支払われる賃金体系が導入さ
れたこととなる。

　以上によれば、新給与体系は、そ
の実質において、時間外労働等の有無
やその多寡と直接関係なく決定される
賃金総額を超えて労働基準法37条の
割増賃金が生じないようにすべく、旧
給与体系の下においては通常の労働時
間の賃金に当たる基本歩合給として支
払われていた賃金の一部につき、名目
のみを本件割増賃金に置き換えて支払
うことを内容とする賃金体系であると
いうべきである。そうすると、本件割
増賃金は、その一部に時間外労働等に
対する対価として支払われているもの
を含むとしても、通常の労働時間の賃
金として支払われるべき部分をも相当
程度含んでいるものと解さざるを得な
い。

　そして、前記事実関係等を総合し
ても、本件割増賃金のうちどの部分が
時間外労働等に対する対価に当たるか

が明確になっているといった事情もうかがわれない以上、本件割増賃金につき、通常の労働時間の賃金に当たる部分と労働基準法37条の割増賃金に当たる部分とを判別することはできないこととなるから、被上告人の…本件割増賃金の支払により、同条の割増賃金が支払われたものということはできない（破棄差戻し）。

 応用と見直し

　本件は、労基署の指導を契機として、固定残業代等を新設するなど賃金体系を変更したが、その手法の違法性を最高裁から指摘された重要判決である。

　本件事案を労働条件の不利益変更の問題（労働契約法10条）としてみるとどうなるかをみる（原告も原審〈福岡高判令4・1・21〉ではこの点を主たる主張としていた）。

　割増賃金を含めた賃金総額については、従来の水準を維持しつつ過去の賃金体系の内訳を変更して通常の労働時間についての賃金部分（本件では基本歩合給）を大幅減額する一方で固定残業代等（本件では調整給等）を新設する手法が労働条件の不利益変更に該当するかの問題である。

　手取りの総額にほとんど変わりがな

い以上、一見労働者側にあまり不利益はないように見える。現に原審では、他の事情も斟酌しつつ当該変更に合理性ありとして、労契法10条に反するとまではしていない。しかし、草野耕一裁判官の補足意見は、この仕組みは「使用者は、通常の労働時間の賃金とこれに基づいて計算される法定割増賃金を大きく引き下げることによって、賃金総額を引き上げることなしに、想定残業時間を極めて長いものとすることが可能となり…使用者は…適宜に、それまでの平均的な時間外労働時間を大幅に上回るレベルの時間外労働を、追加の対価を支払うことなく行わせる事態を現出させ得ることとなる」と労働者側に重大な不利益が生じる可能性を指摘する。

　さらに続けて草野裁判官は、このような仕組みは労基法37条の趣旨に反し、仮に企業側に経営上の必要性があっても、当該手法は一切採用できないことを示唆する。注目すべき指摘であるが、現実の時間外労働時間にさほどの変動がない業態の場合（つまり、上記の重大な不利益が生じるおそれがない場合）にまでそこまでいえるかは疑問も残る。しかしながら法廷意見に目を転じると、本件のようないびつな結果を招来する（調整手当を含めた）

割増賃金の仕組みは、明確区分性の欠如の点から労基法 37 条の義務履行を全面的に否定するので、結局のところこのような手法を採用または維持することは困難である。

MEMO

定年時の6割下回る賃金、最高裁はどう判断 !?

－名古屋自動車学校事件－（最一小判令5・7・20）

弁護士　石井　妙子　　　　　　　　　　　　　　　　［最高裁Web］

　再雇用された嘱託職員の基本給等が定年時を下回ったことが不合理か争われた事案で、最高裁は、定年時の6割を下回る部分を不合理とした原審を破棄。正職員の基本給は勤続給や職務給、職能給の性質も有する余地があるが、嘱託の基本給は正社員と異なる性質や支給目的を有するとした。原審は賃金に関する労使交渉の経緯も含めて考慮しておらず、審理のため差し戻した。

正職員基本給と性質異なる、労使交渉も考慮を求め差し戻し

 事案の概要

　Xらは、定年後再雇用としてYと嘱託職員の有期労働契約を締結して教習指導員として勤務していたが、正職員（無期労働契約）との間における基本給、賞与等の相違は（改正前）労働契約法20条に違反するものであったと主張して損害賠償を請求して提訴した。

　X1とX2の基本給は、定年退職時には月額約16万～18万円、再雇用後の1年間は月額約8万円、その後は月額約7万円であった。また、賞与・嘱託職員一時金について、X1X2それぞれ、定年退職前の3年間において、1回当たり平均約23万、22万円の賞与だったところ、嘱託職員一時金は、

各1回当たり約8万～約10万円1回当たり約7万円～約10万円だった。なお、Xらは、再雇用後、老齢厚生年金および高年齢雇用継続基本給付金を受給した。

　原審（名古屋高判令4・3・25）は、定年退職の前後を通じて、主任の役職を退任したことを除き、業務の内容及び当該業務に伴う責任の程度並びに当該職務の内容及び配置の変更の範囲に相違がなかったにもかかわらず、Xらの基本給と一時金の額は、定年退職時の正職員としての基本給と賞与の額を大きく下回り、勤続短期の正職員の基本給と賞与の額をも下回っているのは看過し難いとして、Xらの基本給が定年退職時の基本給の額の60％を下回る部分及び嘱託職員一時金が定年退職

時の基本給の60％に所定の掛け率を乗じて得た額を下回る部分は、労働契約法20条にいう不合理と認められるものに当たるとした。

 判決のポイント

1 判断方法

労働条件の相違が基本給や賞与の支給に係るものであったとしても、それが同条にいう不合理と認められるものに当たる場合はあり得るものと考えられる。もっとも、その判断に当たっては、他の労働条件の相違と同様に、当該使用者における基本給及び賞与の性質や支給の目的を踏まえて同条所定の諸事情を考慮することにより、当該労働条件の相違が不合理と評価することができるものであるか否かを検討すべきものである（最三小判令2・10・13）。

2 基本給

正職員の基本給は、勤続年数に応じて額が定められる勤続給としての性質のみを有するということはできず、職務給としての性質や…職能給としての性質を有するものとみる余地もある。そして、認定された事実関係からは、

このように…様々な性質を有する可能性がある基本給を支給することとされた目的を確定することもできない。

また、…嘱託職員は定年退職後再雇用された者であって、役職に就くことが想定されていないことに加え、その基本給が正職員の基本給とは異なる基準の下で支給され、…勤続年数に応じて増額されることもなかったこと等からすると、嘱託職員の基本給は、正職員の基本給とは異なる性質や支給の目的を有するものとみるべきである。

しかるに、原審は、正職員の基本給につき、…性質の有無及び内容並びに支給の目的を十分検討せず、また、嘱託職員の基本給についても、性質及び支給の目的を何ら検討していない。

また、労使交渉に関する事情を労働契約法20条にいう「その他の事情」として考慮するに当たっては、労働条件に係る合意の有無や内容といった労使交渉の結果のみならず、その具体的な経緯をも勘案すべきものと解される（が）、勘案していない。

各基本給の性質や…支給目的を十分に踏まえることなく、また、労使交渉に関する事情を適切に考慮しないまま、（格差の）一部が労働契約法20条にいう不合理と認められるものに当たるとした原審の判断には、同条の解

釈適用を誤った違法がある。

3　賞与・嘱託職員一時金

　原審は、賞与及び嘱託職員一時金の性質及び支給の目的を何ら検討していない。…労使交渉…の結果に着目するにとどまり、その具体的な経緯を勘案していない。賞与及び嘱託職員一時金の性質や…支給目的を踏まえることなく、また、労使交渉に関する事情を適切に考慮しないまま、その一部が…不合理と認められるものに当たるとした原審の判断には、…違法がある。

　原判決中、Xらの基本給及び賞与に係る損害賠償請求に関するY敗訴部分は破棄を免れ（ず）、…更に審理を尽くさせるため、上記部分につき、本件を原審に差し戻す。

応用と見直し

　定年後再雇用における処遇について、定年到達時の給与の6割以下となることは珍しいことではない。高年齢雇用継続基本給付金の制度自体、6割以下となる場合のあることを想定している。そのような中、60％を下回る部分は無効とした本件は地裁段階からマスコミに大きく報道され、企業の人事担当者としては、大いに戸惑うこと

となった。

　その点で、金額の相違だけでなく、制度の趣旨・目的を検討すべきである、労使交渉も結果だけでなく経緯に注目すべきであるとした今回の破棄差戻しの判断はうなずけるところである。

　もっとも、本件判決は、定年前後の基本給の制度の検討不足・原審判決としての説明不足を問題としたに留まり、定年前後の格差について、どのように判断されるかの結論は、高裁の審理に持ち越されている。

　本判決は、「嘱託職員の基本給は、正職員の基本給とは異なる性質や支給の目的を有するものとみるべきである」と明言しているが、どこがどう異なるのかといった点についてはさらなる主張立証が必要である。差戻審においては、定年前後の各基本給の性質・目的を具体的にした上で、その性質・目的を踏まえて労働契約法20条（現行法ではパート・有期雇用労働法8条）所定の諸事情を考慮することになる。

　そうすると、厚労省の同一労働同一賃金のガイドラインでは、「定年後に継続雇用された者である」ことは「その他事情」として考慮されるとしているが、本件の基本給に関しては、定年後再雇用は、「その他事情」というより、むしろ、検討対象とされている労働条

件の性質および目的を検討するうえで重要な判断要素となろう。

　定年後再雇用については、公的年金の受給開始年齢が段階的に引き上げられることに対応して、年金の空白期間を埋めるべく雇用確保措置が事業主に義務付けられたものであること、高年齢雇用継続基本給付金等の支給もあることなどから、基本給の趣旨・目的はこういった公的制度と関連するものであり、定年前の基本給の趣旨・目的と大きく異なると考えるべきである。

MEMO

雇止め訴訟で和解、授業外されパワハラと申告

－学校法人茶屋四郎次郎記念学園事件－（東京地判令4・4・7）

弁護士　緒方　彰人　　　　　　　　　　　　　［労経速2491号3頁］

> 雇止めをされたが和解した教授が、和解条項が守られず損害賠償を求めた。和解した週4コマの授業担当から外されたこと、パワハラの申告対応も債務不履行と訴えた。東京地裁は、安全配慮義務上パワハラの審議結果を遅滞なく告知する義務を負うと判断。審議不能の結論が出てから回答まで8カ月余を要する合理的な理由はないとした。授業不担当も債務不履行に当たるとしている。

パワハラ調査対応遅れに対し、慰謝料支払い命じる

 事案の概要

　被告はD大学（本件大学）等を設置および運営する学校法人、原告は有期労働契約を締結し本件大学のA学部教授として就労してきた。

　原告は、被告に対し、平成24年3月31日付雇止めおよび同年3月16日付懲戒解雇の効力を争う労働契約上の地位確認を求める訴訟を提起し、原告の地位確認請求が認容されたため（東京地判平26・2・18）、平成27年2月3日から本件大学に復職した。

　同年8月19日、原告は被告に対し1コマ90分の授業を週4コマ行う雇用契約上の権利を有することの確認を求める訴訟を提起し、平成28年3月29日、平成28年度の雇用契約につ

いて、出勤日週2日、授業時間週4コマ（1コマ90分授業）を下らないとすることなどを内容とする訴訟上の和解が成立し、同年4月20日、本件和解内容を踏まえた労働契約が締結された。

　その後、原告が自身のホームページにおいて訴訟の経緯や本件和解が成立したことなどを掲載したこともあり、被告は原告に対し平成28年度秋学期以降の授業を担当させなかった（以下「本件授業不担当」）。原告は、平成28年11月24日、被告内のハラスメント防止・対策専門部会（以下「本件部会」）に対し、本件授業不担当がハラスメントに当たるなどと申告する（以下「本件申告事項」）メールを送信し、所属組合を通じて、被告に対し、本件

申告事項に対する審議結果を連絡するよう求め、被告も、詳細は追って連絡する旨回答していた。平成29年7月6日、本件部会は、本件申告事項について、法的訴訟にまでなっている問題であることなどを理由に審議不能とする結論に至ったが、被告が原告（の所属労組）に対し審議不能という結論になったことを通知したのは、平成30年3月16日であった。

原告は被告に対し本件授業不担当や本件申告事項に対する対応において債務不履行があったとして損害賠償請求訴訟を提起した。

判決のポイント

①本件和解及び本件契約において、被告が原告に対し少なくとも週4コマ（1コマ90分授業）の授業を担当させることを合意したものであって…被告が原告に授業を担当させなかったことは債務不履行に該当する（慰謝料100万円）。

②労働契約における使用者は、…ハラスメントなど従業員の職場環境を侵害する事案が発生した場合、事実関係を調査し、事案に誠実かつ適正に対処し、適切な時期に申告者に報告する義務を負っている。…本件申告事項のうち原告に授業を担当させなかった…点は…原告と被告との間で、…訴訟が繰り返されている状況下においては、…和解の履行に関する問題についても、本件大学の専任教員及び事務局職員等から組織される本件部会が取り扱う範疇を超えていると判断したことは無理からぬものがある。…本件部会が本件申告事項について審議不能との結論を出したこと自体は、安全配慮義務に反する債務不履行であるとはいえない。

被告は、労働契約上の安全配慮義務及び信義則上、原告の申告に対し本件部会が出した結論の内容如何を問わず、これを遅滞なく原告に告知する義務を負うものというべきであって…合理的理由のない回答遅延は債務不履行を構成する（慰謝料5万円）。

応用と見直し

労働契約は、労務の提供と賃金の支払いとを対価関係とする契約であるから（労契法6条）、労働契約等において特別の定めがある場合、または業務の性質上労働者が労務の提供について特別の合理的な利益を有する場合を除いて、労働者の就労請求権は認めら

れない（読売新聞社事件＝東京高決昭33・8・2）。

本件においては、前訴の和解に基づき、原被告間で、出勤日は週2日、授業時間週4コマ（1コマ90分授業）を下らないものとすることを内容とする労働契約を締結していたことから、被告が原告に対し授業を担当させなかったことが債務不履行に該当すると認定されたものである。すなわち本件は、労働契約上の定めに基づき原告の就労請求権を認めたものであり、一般的に大学教員の就労請求権を認めたものではない。

また本件では原告が本件授業不担当がハラスメントに当たるなどの申告をしたことに対する被告（本件部会）の対応が問題となった。会社（使用者）は、労働者に対して、労働契約上の付随義務として、労働者にとって働きやすい職場環境を保つように配慮すべき義務（職場環境配慮義務）を負うところ（三重セクシュアル・ハラスメント事件＝津地判平9・11・5）、本件のようにハラスメント相談があった場合の事後対応について、ハラスメント相談があったにもかかわらず調査も対応もしなかった場合に違法とする裁判例（東レエンタープライズ事件＝大阪高判平25・12・20など）もあり、またパワ

ハラ指針（令2・1・15厚労告5号）も、事業主に対し、ハラスメント相談があった場合において、事実関係の迅速かつ正確な確認と適正な対処を講ずることを求める。

これに対し、本件判旨は、本件部会が本件申告事項について審議不能として対応しなかったことについて債務不履行（安全配慮義務違反）を否定した点に特徴がある。

上記に述べたハラスメント相談があった場合の事後対応は、社内で職場環境調整を行う（行い得る）ことを前提としたものと解されるから、本件のように労使間（原告被告間）で訴訟が繰り返されている状況においては、事案の経緯や性質ないしは法的判断にもかかわり専門的知見を要することなどから、社内組織である本件部会においては、最早、有効適切な対応をすることが困難であるとして審議不能と判断することもやむを得ないと考えられる。そのため本件部会が審議不能としたことをもって債務不履行を構成しないとした本件判旨は相当である。しかし、一方で、本件判旨は、被告が原告に対し（本件部会が）審議不能としたことについての通知の遅れをもって債務不履行（安全配慮義務）を構成するとした。原告（申告者）にとって、本

件部会の対応が分からないと、他の手段を講ずべきか判断できず、また本件においては、被告も原告からの審議結果についての回答の求めに対し詳細は追って回答するなどとしていたことから、本件判旨は、被告の対応は、「合理的理由のない回答遅延」に当たるとして債務不履行を構成すると認定したものと思われる。合理的な理由がある場合には、速やかに回答をしないこと、あるいはそもそも回答しないことも許される場合があろう。

MEMO

教員公募試験に不合格、公正でないと賠償請求

－学校法人早稲田大学事件－（東京地判令4・5・12）

弁護士　中町　誠　　　　　　　　　　　　　　［労判ジャ129号48頁］

公募された専任教員の選考過程の情報開示を求めたが、拒否された非常勤講師が損害賠償を求めた。書類選考で不合格だった。東京地裁は、職安法は根拠になり得ないなどとして請求を退けた。仮に開示が必要な個人情報としても、開示すれば採用の自由を損なうおそれがあるなどとしている。労働組合の団交要求も、義務的団交事項に当たらず応諾義務を否定した。

選考過程の開示義務負わず、団交応諾義務もなし

 事案の概要

　原告Aは、早稲田大学大学院アジア太平洋研究科が平成28年1月に行った専任教員の公募（本件公募）に応募したが、書類審査の段階で不合格となった者である。

　⑴原告Aが、被告には、本件公募の応募者に対して本件公募の採用選考過程や応募者がどのように評価されたかについて情報を開示し説明をする義務があるにもかかわらず、被告は、開示を拒否し続け、原告Aの透明・公正な採用選考に対する期待権および社会的名誉を侵害したと主張して、被告に対し、不法行為に基づき、慰謝料等を請求した。また、⑵原告Aの加入する原告組合が、被告に対し、本件公募の採

用選考過程や原告Aの評価等に関する情報開示および説明を団体交渉事項とする団体交渉を申し入れたところ、被告が正当な理由なくこれを拒否したと主張して、団体交渉事項について団体交渉を求める地位にあることの確認を求めるとともに、被告の団体交渉拒否により団体交渉権を侵害され、労働組合としての社会的評価を毀損されたと主張して、不法行為に基づき、無形の財産的損害等を求めた事案である。

 判決のポイント

　1　原告Aは、本件公募に応募したが、書類選考の段階で不合格になったものである。…原告Aを専任教員として雇用することについての契約交渉

が具体的に開始され、交渉が進展し、契約内容が具体化されるなど、契約締結段階に至ったとは認められないから、契約締結過程において信義則が適用される基礎を欠くというべきである。

2　職業安定法5条の4は、…求職者等に対する個人情報の開示に関しては、何ら規定していない。したがって、職業安定法5条の4は、本件情報開示・説明義務の法的根拠とはなり得ない。

3　原告Aが被告に対して開示を求めたとする…情報について…個人情報データベース等を構成していることをうかがわせる事情は何ら認められないから、個人情報保護法28条2項に基づく開示の対象となる保有個人データであるとは認められない。

　仮に、…保有個人データに当たるとしても、これらの情報を開示することは、個人情報保護法28条2項2号に該当するというべきである。すなわち、被告は、採用の自由を有しており、どのような者を雇い入れるか、どのような条件でこれを雇用するかについて、法律その他による特別の制限がない限り、原則として自由にこれを決定することができるところ、大学教員の採用選考に係る

審査方法や審査内容を後に開示しなければならないとなると、選考過程における自由な議論を委縮させ、被告の採用の自由を損ない、被告の業務の適正な実施に著しい支障を及ぼすおそれがあるからである。したがって、被告は、個人情報保護法28条2項2号により、これらの情報を開示しないことができる。

4　労働組合法7条2号の…義務的団体交渉事項とは、団体交渉を申し入れた労働者の団体の構成員である労働者の労働条件その他の待遇、当該団体と使用者との間の団体的労使関係の運営に関する事項であって、使用者に処分可能なものをいうものと解する…。

　被告は、原告組合が被告に対して団体交渉を申し入れた平成30年11月当時、原告Aを非常勤講師として雇用し…、当時、原告Aの労働組合法上の使用者であったことが認められる。しかしながら、原告Aは、被告から非常勤講師として雇用されていたものであり、また、被告には原告Aに対する本件情報開示・説明義務が認められないことは…説示したとおりであるから、専任教員に係る本件公募の選考過程は、原告Aと被告との間の労働契約上の労働条件そ

の他の待遇には当たらない。したがって、団体交渉事項目録の各事項（公募手続における評価の開示及び説明等）は義務的団体交渉事項には当たらないから、原告組合が被告に対して上記の各事項について団体交渉を求める地位にあるとはいえず、また、被告が本件の各事項について団体交渉に応じなかったことは、原告組合に対する不法行為を構成するものではない。

 応用と見直し

本件は、専任教員の公募で不合格となった原告が、選考過程や不合格の理由等について多様な法律構成（所属組合の団交要求を含め）によって開示を求めた事案であり、裁判所がこれについて逐一見解を示しており大変に興味深い。

第一の主張は、契約締結上の信義則違反である。採用手続きが相当に進んでいたり、使用者側に採用を期待させる言動があるなどの事情があれば別段、そこに至らない本件で信義則違反をいうのは従来の裁判例に照らして困難といえよう。

第二の主張は、職安法5条の4である。同条は当該個人情報を収集、保管を規制するもので文言上開示の義務付けの言及はない。そこで本判決は、同条による文言解釈により同条による本開示請求を否定した。

第三の主張は、個人情報保護法28条2項である。本判決は原告の要求内容が同法のいう「保有個人データ」であることに疑義を呈したうえ、仮に該当するとしても判決のポイント3の理由により（「当該個人情報取扱事業者の業務の適正な実施に著しい支障を及ぼすおそれがある場合」に該当）これを否定した。以上が、個人原告の主張に対する判示であるが、いずれも妥当な判断といえよう。

次は所属組合による団体交渉に基づく要求である。原告Aは現在被告の非常勤講師であり、本件で団交事項とする専任教員の採用過程等とは別ルートの雇用関係にある。したがって、判決のポイント4でいう義務的団体交渉事項（この定義は通説、裁判例で確立された内容）には該当しないというべきである。本判決は個人の本件情報開示・説明義務の不存在にも言及するが簡潔な判示なので団交義務との法的関連がやや分かりにくい。すなわち一般に私法上の情報開示・説明義務が発生しない場合も、事案によっては労働組合に対する資料提供や説明が労組法7条2

号の誠実交渉義務の内容となることがあり得るからである。しかし、本判決を敷衍すれば、本件団交の要求の対象が全く別ルートの採用問題であるので基本的には義務的団交事項に該当しないし、例外的に別ルートの問題でも私法上の情報公開・説明義務がある場合は団交事項に該当する余地があるとしても（原告が主張するところ）、本件ではそもそも前提となる私法上の義務がないので結局被告には団交応諾義務はないとの趣旨と理解できる。

MEMO

競業避止契約に違反したと SE に損賠請求

－REI 元従業員事件－（東京地判令4・5・13）

弁護士　岡芹　健夫　　　　　　　　　　　　　［労判 1278 号 20 頁］

　人材の派遣・紹介会社が、システムエンジニアに対し競業避止契約に違反したとして賠償を求めた。東京地裁は、客先の指示でシステム開発等に従事するため会社は独自のノウハウを有さず、提供を受けたともいえないなどとして、同義務を定めた目的や利益は不明と判断。加えて転職先を制限する範囲は顧客の取引先を含むなど広範で、代償措置もないことから合意を無効とした。

転職先の制限広く合意無効、
目的や利益も不明で代償措置もなし

事案の概要

　X社は、主にシステムエンジニアを企業に派遣・紹介する株式会社である。令和元年5月、X社とYは、月額給与30万円（後に35万円に増額）等を内容とする労働契約を締結した。

　同年11月から令和2年9月30日まで、Yは、A社を就業の場所としてシステムエンジニアとして従事した。同年8月頃、YはX社に対して同年9月末日をもって退職する旨を伝え、退職後の同年10月9日、同日付「秘密保持契約書」（以下「本件合意書」）に署名押印した。

　本件合意書には、第4条として、退職後1年間にわたり、「(1)貴社との取引に関係ある事業者に就職すること、(2)貴社のお客先に関係ある事業者に就職すること、(3)貴社と取引及び競合関係にある事業者に就職すること、(4)貴社と取引及び競合関係にある事業を自ら開業または設立すること」を行わないことを約束すること、第5条として、本件合意書に違反した場合には会社が被った一切の損害ならびに第三者が被った損害に対する賠償金等について、賠償すること、第6条として、退職後1年間にわたり、会社と取引及び競合関係にある事業者、会社の客先に関係ある事業者に就職する場合に、3か月分給与（最後の3か月の平均額を月額の基準とする）の賠償金を賠償すること、といった記載があった。

YはB社と業務委託契約を締結し、X社を退職後、令和2年10月1日以降、A社に通い、A社、その子会社もしくは関連会社であり、X社と取引関係のある事業者において勤務した。

X社は、Yに対して、本件合意書に定める競業避止義務に違反し、あるいは自由競争の範囲を逸脱した違法な競業を行ったと主張して、約定損害金等の支払いを求めて提訴した（YもX社に対して未払賃金を請求しているが、本稿では言及を省略する）。

 判決のポイント

ア　Yは、（本件合意書に）競業避止義務に関する記載があると認識していなかったと主張する。しかしながら、…Yは、すでにX社を退職した後、かつB社と業務委託契約を締結した後に、本件合意書に署名押印したものであって、使用者と被用者という関係にはなく、その立場上の差によって、自由な意思決定が困難であったとする事情はない。…Yが…本件合意書の記載を認識しつつ署名押印することも不合理とはいえない…。YがX社から退職証明書を受領することを優先し、B社との業務委託契約ないしA社との関係について

発覚しないとの思惑から本件合意書の署名押印に応じたとしても不自然なところはない。そうすると、本件合意書の成立を否定すべき事情はなく、YがX社に対して本件合意書に基づきX社を退職した後に競業避止義務を負うことを約したものというべきである。

イ　本件合意書は、…秘密保持に係る条項を遵守するために、競業避止義務を定めたものと合理的に解することができる。しかしながら、…X社がシステム開発、システム運営その他に関する独自のノウハウを有するものとはいえないし、Yがそのようなノウハウの提供を受けたと認めるに足りる証拠もないのであって、X社において本件合意書が退職後の競業避止義務を定める目的・利益は明らかとはいえない。YがA社において勤務すると、（X社の下請け会社の）利益が減少し、又はX社がYを介して利潤を得ていると疑われる不利益があると供述する（が）、…利益・利潤を害する恐れはない…。（本件合意書の対象が）X社の取引先のみならず、X社の客先の取引先と関係がある事業者までも含まれており、禁止する転職先等の範囲も極めて広範にわたるものといわざるを得

ない。上記の範囲をもって転職等を禁止することは、Yの再就職を著しく妨げるものであるというべきである。…手当、退職金その他退職後の競業禁止に対する代償措置は講じられておらず、本件合意書においても、…代償措置については何ら規定もない。本件合意書に基づく合意は、…公序良俗に反し、無効である。…競業避止義務に違反したかどうかに関するX社の主張は、理由がない。

ウ　Yは…令和2年9月20日、B社との業務委託契約を締結した…が、…その契約期間の始期は同年10月1日と定められており、Y在職中のX社の業務を何ら害するものではな（く）、…X社が…第3次下請けであるのに対し、B社が…第2次下請けであって、X社の受注する業務と競業するものでもないと認めることができるのであるから、当該業務委託契約を締結したことが自由競争の範囲を逸脱したものとはいい難い。X社を退職した後に認められる職業選択の自由を踏まえ、Yにおいて収入を得て生活を維持する必要があることからすると、本件合意書を作成する前であり、退職後、間断なく他企業に就業したことが自由競争の範囲を逸脱する違法な競業行為に当たる

と解する余地はない。

 応用と見直し

雇用終了後の競業避止特約の効力については、一般に、営業の自由や職業選択の自由の保障の観点から、特約による制限が合理的なものでなければ、公序良俗（民法90条）に反して無効となる。

雇用終了後の競業避止の存否は、実務としては、退職後の同業他社への就職、同業他社の開業の場合に、退職金の減額・没収、損害賠償請求（本件がこれである）、競業行為の差止請求の可否といった形で問題となる。

本件のような、損害賠償請求は、労働者の職業選択の自由の見地より、特約における制限の期間、範囲（地域、職種）を使用者の競業避止の目的上必要最小限に止めることや、一定の代償措置（「判決のポイント」イ参照）が要件とされることが多い。もっとも、これらも相対的なものであり、たとえば、代償措置などは在職中の地位、報酬によっては、競業避止特約自体を対価とするものである必要は必ずしもないと解されている（ヤマダ電機〈競業避止条項違反〉事件＝東京地判平19・4・24）。

以上のように、競業避止義務の効力は、事案ごとに、上述の諸要素を総合勘案してその有効性が判断されるので、事前の予測可能性は低いところであるが、使用者としては、極力、従業員の在職中の業務内容（とくに、どれだけ、使用者の業務上の秘密を知り得る立場にあるか等）、地位を個別に勘案し、その制限の期間、範囲を考慮せざるを得ず、退職従業員一律に競業避止誓約書を徴収する、といった施策は法的には意味が希薄であると留意すべきであろう。

MEMO

機動隊員への叱責はパワハラと損害賠償求める

－兵庫県警察事件－（神戸地判令4・6・22）

弁護士　渡部　邦昭

［労経速 2493 号 3 頁］

うつ病を発症して自殺した機動隊員の遺族が、先輩らにパワハラを受けたとして損害賠償を求めた。神戸地裁は、単純ミスを繰り返した隊員への叱責は、他者への指導と比べ殊更厳しかったと認定。強い叱責も許容されるが、大声で怒鳴るなど態様を暴言と評価した。指導方法の変更を検討すべきとしている。慰謝料支払いを命じたが、発病等との相当因果関係は否定した。

慰謝料支払い命じるが自殺との因果関係は否定

 事案の概要

甲（平成2年11月生）は、兵庫県公安委員会の管理課の警察本部の機動隊に平成21年4月1日に警察官として採用されて勤務していた者であるが、平成27年10月6日、寮の自宅で自殺を図り、同月15日に低酸素脳症により死亡した。甲の両親は機動隊内の上司および先輩から指導の域を超えた嫌がらせ等のパワーハラスメントや違法な命令・体罰等を受けたことによって、うつ病を発症して自殺したと主張して、県に対し、国家賠償法（以下「国賠法」という）1条1項または安全配慮義務違反に基づく損害賠償請求として、甲の死亡による逸失利益・甲の慰謝料の損害金合計額につき、訴えを提起した。

甲の職場の上司や先輩の叱責や指示等が業務上の指導の範囲を超えるもので違法であったといえるかは、当該行為と甲のうつ病の発症および自殺との相当因果関係の有無にある。本判決は、およそ以下のように判示して、甲のうつ病の発症および自殺との相当因果関係を否定した。

 判決のポイント

甲の上司らによる①ミス一覧表の作成・提出を命じた行為、②ナンバープレートに関する叱責、③カンニングに関する叱責、④簿冊の記載ミス等に関する叱責の各行為は、…指導の域を超え、社会通念上相当性を欠いたパワハ

ラ行為等に該当し、違法である。

①のミス一覧表の作成・提出

　先輩が、…甲のみに対し、記載すべき内容や期間を明確にしないまま、（ミス一覧表の）作成・提出を指示した…こと、再提出を命じる際にも、記載内容等につき具体的な指示をしなかった…こと…を考慮すると、…甲に対し、先輩の考える甲のミスを、先輩の思いつく数だけ記載させるものであって、合理性に乏しいものであったといえる。

④の簿冊の記載ミス等に関する叱責

　ミスの内容は、運転日誌等の記載漏れや計算ミスといった不注意による単純なミスであり、しかも、指導を受けても同じようなミスを繰り返していたのであるから、これに対し強く叱責する程度のことは社会通念上相当な指導として許容されるというべきである。しかし、その叱責に際し、大声で怒鳴ることが常に必要であったとはいえないし、…何度も叱責してもミスが減らないのであれば、指導方法を変えたり、ミスをしないようにする仕組み作りを検討したりすべきであったといえる。…その態様は、暴言や嫌がらせと評価されるような不適切なものであったといえる。

　先輩は、誰に対してもそのような態

様で叱責していたわけではない…ことも踏まえると、先輩はミスの多い後輩である甲に目をつけて、殊更、同人に厳しく対応していたとみるのが相当である。

　甲の上司等のパワハラ行為等とうつ病発症との間に相当因果関係を認めることはできない。また、…パワハラ行為等と…うつ病の症状の悪化及び…自殺との間に相当因果関係を認めることもできない。前記①から④の各行為が指導の域を超えた違法なパワハラ行為等に当た（り）、…国家賠償法1条1項に基づきこれにより甲に生じた損害を賠償する責任を負う（100万円と定めるのが相当）。

 応用と見直し

(1)　パワハラ（令2・1・15厚労省告示5号）とは、「職場において、優越的な関係を背景とした言動で、業務上必要かつ相当な範囲を超えたものにより、労働者の就業環境が害されるもの」と定義し、行為類型として、①暴行・傷害（身体的な攻撃）、②脅迫・名誉毀損・侮辱・ひどい暴言（精神的な攻撃）、③隔離・仲間外し・無視（人間関係からの切り離し）、④業務上明らかに不要な

ことや遂行不可能なことの強制、仕事の妨害（過大な要求）、⑤業務上の合理性なく、能力や経験とかけ離れた程度の低い仕事を命じることや仕事を与えないこと（過小な要求）、⑥私的なことに過度に立ち入ること（個の侵害）があるとしている。

(2) 本件と同様に上司から部下に対する叱責等が争点となった前田道路事件（高松高判平21・4・23）では、以下のように判示している。工事部長が不正経理を行った営業所長（後にうつ病に罹患し自殺）に対し、叱責したことについて、「1800万円の架空出来高の解消という目標は達成が容易なものとは言い難く、工事日報の報告・確認に関してある程度強い叱責をしたことが認められるが」、「以前から架空出来高の是正を図るよう指示がなされていたにもかかわらず1年以上経過しても是正がなされていなかった」、「同営業所では原価管理等を正確・迅速に行うために必要な工事日報が作成されていなかった」ことなどを考慮すると、不正経理の解消や工事日報の作成についてある程度厳しい改善指導をすることも正当な業務の範囲内にあるということができ、社会通念上許容される業務上の指導の範囲を超えるも

のとはいえないとした（一審被告の敗訴部分を取り消す）。

業務上の指導にかかる言動については、（ア）正当な業務上の必要性に基づいてなされたものであるか、（イ）業務上の必要性に基づくものであったとしても相手方の人格（その職業的キャリア、企業内での立場など）に配慮しそれを必要以上に抑圧するものでなかったかという観点から、社会通念上許容される範囲内の指導か（それを超えて違法か）が判断されるものと解される。たとえば、サントリーホールディングス事件（東京高判平27・1・28）では、「新入社員以下だ。もう任せられない」、「おまえは馬鹿」等の言動を許容される限度を超えたものとしている。

本件においては、甲が所属していた機動隊の任務の特殊性、指導の目的、指導の内容や回数等を考慮すると、スクワットの指示や、腕立て伏せの指示は、指導の域を超えた社会通念上の相当性を欠くパワハラ行為等とまではいえないとした本判決は判決上の事実認定のうえからは妥当な判断といえよう。

(3) 甲の上司等の上記①～④の行為とうつ病発症との間に相当因果関係が認められれば、うつ病はその病態と

して自殺念慮が出現する可能性が高いとされるので、甲の自殺との間に相当因果関係が認められやすいといえる。しかし、本判決は甲のうつ病発症には別の要因があるとして、上記①～④の行為が平均的な隊員が自殺に追い込まれるほどの強度な精神的負荷を与えるものとまでは評価できないとした。

本判決で認定された事実を前提とする限り、妥当なものといえよう。いずれにしても、管理者としては業務上の指導範囲を超えないよう、慎重な言動が求められる。

MEMO

コロナ禍に有給の自宅待機認められず慰謝料 !?

－関西新幹線サービック事件－ （大阪地判令4・6・23）

弁護士　岩本　充史 　　　　　　　　　　　　[労判 1282 号 48 頁]

コロナ禍で有給の自宅待機とされた日を出勤日に変更された従業員が、感染の危機にさらされたとして慰謝料等を求めた。大阪地裁は、一定のルールに基づき待機の日を割り当てたことに裁量権の逸脱濫用は認められないと判断。労働者に待機を求める権利はなく、出勤指示は重い負担や不利益を課すものでないとした。臨時に出勤を命じることがあると組合と協定していた。

出勤命令は裁量権の範囲内、
不利益大きくなく労働組合とも協定

 事案の概要

　Y社は、新幹線車両の清掃整備業務等を行う会社である。本件は、X1および2（以下、併せて「Xら」）が、新型コロナウイルス感染症の感染拡大により自宅待機を命じられた際、休業または有給休暇として取り扱われるはずであるにもかかわらず、課題の作成および提出を求められ、Xらがこれを提出しなかったところ、自宅待機が命じられるべき日に出勤を命じられ、不必要に感染の危険にさらされたなどと主張して、前記出勤命令を不法行為として、Y社および出勤を指示したY1（所長）らに対し、慰謝料等の支払いを求めた事案である。

　緊急事態宣言の発出に伴う新幹線の運行量の減少に伴い、Y社は、令和2年4月9日、B労働組合との間で要旨、①Y社は、同月9日～6月30日までの間、業務量を考慮し、必要な日または時間、自宅待機を指示できること、②Y社は、あらかじめ勤務を指示していた日に改めて自宅待機を指示することがあり、自宅待機を指示していた日または時間に臨時に出勤を命じることがあること、③Y社は、自宅待機を指示する範囲および人数について、部または事業所ごとや、従業員ごとに大きな偏りが出ないように配慮したうえで、あらかじめ定めること、④Y社は、従業員に対し、自宅待機を指示した時間または日について、その該当す

る勤務を就業規則44条6号に定める有給休暇として取り扱うこと等との内容の労使協定を締結した。

Y1は、本件事業所において、「業務量削減への対応について」と題する文書を発出した。この中には、前記労使協定の内容のほかに、自宅待機を命じられた従業員は、知識向上および業務改善のため配布した資料に自らが記入して次回出勤日に必ず提出すること等が記載されていた。

Xらは、提出が求められていた課題を提出しなかったところ、勤務指定表上は自宅待機とされる勤務が指定されていた日に、勤務変更通知書の交付を受け、出勤を要する勤務を指定された（本件出勤指示1）。

 判決のポイント

本件出勤指示1は、Y社が、X1に対し、…一定の内容の新幹線車両の清掃業務を行うことを命ずるものである（る）。Y社の就業規則によれば、従業員の業務内容（勤務）は、Y社が指定するものとされているから、Y社には、…労働契約上、業務の具体的内容を決定する人事上の裁量権を有するものと解される（最二小判昭61・7・14）。

すると、Y社が従業員に対して一定

の業務への従事を指示することが、他の従業員との間で不利益な取扱いをするものとして、不法行為上、違法性を有するのは、…前記裁量権の範囲を逸脱し、又はこれを濫用したと評価されることを要するものと解するのが相当であり、この判断に当たっては、①当該業務指示に係る業務上の必要性、②当該業務に従事することによって当該従業員に生ずる不利益の程度、③従業員間における業務内容に関する負担又は相違の有無、程度及び合理性といった観点から検討するのが相当である。

本件出勤指示1…は、いずれもXらが課題を提出しなかったことによってされたものと認めるのが相当である。本件出勤指示1…は、本来は不要な業務をあえてXらに割り当てたのではなく、Y社の業務上の必要に基づいて発せられたものということができる。本件出勤指示1…が、Xらに対して、特別に重い負担や不利益を課す業務への従事を指示するものと評価することはできない。

本件出勤指示1…は、従業員間に、業務上の負担の程度に相違を生じさせることとなる措置である（が）、課題の内容に照らすと、従業員は、これに取り組むことにより、資質の向上や知識の定着を期待…できるものであっ

て、Y社が、自宅待機を命じる者の人数が限られる場合において、自宅待機中に、課題を作成して自ら資質の向上や知識の定着といった能力の開発を行うことが期待できる者に対し、優先的にこれを割り当てることとしたことには、一定の合理的理由があったということができる。

Xらが、労働契約上、自宅待機を命じられるべき権利を有していたものではないこと、課題提出者にも自宅待機（ママ）が命じられることがあったこと及び課題の分量や所要時間が乏しいものであったこと等を考慮すると、本件運用が従業員間に一定の業務上の負担の相違を生じさせるものであったとしても、その相違の程度が著しいということはいえず、従業員間の公平を害するものということもできない。本件出勤指示1…が、Y社の業務内容の指定に関する裁量権の範囲を逸脱し、又はこれを濫用するものとはいえず、不法行為上、違法性があるとは認められない。

 応用と見直し

最高裁（最一小判昭61・3・13）は、「業務命令とは、使用者が業務遂行のために労働者に対して行う指示または

命令であり、使用者がその雇用する労働者に対して業務命令をもって指示、命令することができる根拠は、労働者がその労働力の処分を使用者に委ねることを約する労働契約にあると解すべきである。すなわち、労働者は、使用者に対して一定の範囲での労働力の自由な処分を許諾して労働契約を締結するものであるから、その一定の範囲での労働力の処分に関する使用者の指示、命令としての業務命令に従う義務があるというべき」と判示する。使用者は業務命令権を有しているのであるから、労働者は使用者の発する出勤の指示に応ずる義務があることはいうまでもない。もちろん、この業務命令権の行使も権利の濫用にわたってはならないのであり、本判決はその権利濫用か否かの考慮要素として、東亜ペイント事件最高裁判決（最二小判昭61・7・14）を参照として引用し、概ねその規範に当てはめをし、本件出勤指示が権利の濫用と評価することはできないと判示し、Xらの請求を棄却している。この結論は相当であろう。

コロナ禍中、感染予防のため多くの企業で在宅勤務等を実施していたが、そのような中、使用者が在宅勤務で勤務をしていた労働者に対し現実の出社を命令することにより、当該労働者か

らの苦情が寄せられるという事態が多々生じていた。本判決でも触れられているとおり、労働者には在宅勤務権なる権利はないことに照らせば、使用者は、業務上の必要性があるのであれば（これが否定されることは想定し難いが）、粛々と現実の出社を命令するべきであり、本判決は参考となるものである。

MEMO

同じ給油所で兼業、過重労働の会社責任なし？

－大器キャリアキャスティングほか１社事件－　（大阪高判令４・10・14）

弁護士　岡芹　健夫　　　　　　　　　　　　　　　　　［労判 1283 号 44 頁］

> 24 時間営業の同じ給油所で本業での深夜早朝のほか、休日も別会社に雇用され、副業で働いた従業員が、適応障害を発症したなどして損害賠償を求めた。自ら希望して兼業した結果として請求を退けた一審に対し、大阪高裁は、同一店舗における兼業の就労状況を本業は比較的容易に把握でき、連続かつ長時間労働を解消せず安全配慮義務違反と認定。慰謝料の支払いを命じたが４割を過失相殺している。

長時間労働解消せず慰謝料、本業で時間把握可能

 事案の概要

Y1 社は、給油所施設の運営受託業務等を行う会社である。24 時間営業の給油所を運営する A 社は、B 店および C 店の夜間運営業務を D 社に委託し、D 社は Y1 社に再委託していた。Y2 社は、平成 27 年４月、A 社を吸収合併し、その権利義務を承継した。

平成 26 年２月、X は Y1 社と有期労働契約を締結し、同年７月２日までの間、B 店および E 店において、基本的に日曜日を休日に設定して夜間運営業務に従事した。同年２月、X は A 社とも有期労働契約を締結し、毎週日曜日に B 店にて日勤業務に従事した。Y1 社の就業規則では、会社の承認を

得ず在籍のまま他に雇用されないよう規定されていたが、X は承認を得ていなかった。

同年３月下旬頃、Y1 社のマネージャー F は、X が A 社との間にも労働契約を締結していることを認識し、同年４月 10 日、X に対し、週７日勤務となり労働基準法に抵触するほか、自身の体調を考慮して休んでほしい旨注意し、X から同年５月中旬までには A 社での就労を辞める約束を取り付けた。しかし、同年６月６日以降、X は日曜に加えて金曜にも A 社で就労するようになった。同月 15 日、X は A 社に対し、退職日を同月 30 日とする退職願を提出した。同月下旬および７月初頭、X は F らと面談し、同月２日か

ら翌3日にかけて、上長の指示、命令に従う旨等の「業務指示書」への署名押印を求められたが、これを拒否した。

Xの Y1 社とA社における労働時間の合計は、Y1 社を欠勤するようになった日（同年7月2日～3日）の前日までの1カ月は 303 時間 45 分、欠勤前2カ月は 270 時間 15 分、欠勤前3カ月は 271 時間という状況にあった。

平成 27 年2月、Y1 社はXに対し同年3月 31 日付で期間満了となる労働契約を更新しない旨通知した。

なお、平成 26 年7月、Xは医療機関を受診し、平成 27 年 11 月、労基署長は、Xに対し、労災法に基づく休業補償給付の支給を決定している。

Xは、本件雇止めの無効および地位確認等を請求し、また、Y1 社が労働時間を軽減等すべき注意義務を怠ったこと、および業務指示書への署名押印の強要等のパワーハラスメントに適切に対処すべき義務を怠ったことは不法行為に当たり、Y2 社が Y1 社と同様に労働時間を軽減等すべき注意義務を怠ったことは共同不法行為（予備的請求として安全配慮義務違反）となると主張して損害賠償を請求した。一審（大阪地判令3・10・28）はXの請求をいずれも棄却したため、Xが控訴した。

 判決のポイント

ア　Xが同一の店舗で…就労していたことに照らせば、Y1 社は、A社に問合せをするなどして、A社との労働契約に基づく…労働日数及び労働時間について把握できる状況にあったのであるから、Xの…兼業は、従業員が勤務時間外の私的な時間を利用して雇用主と無関係の別企業で就労した場合（雇用主が兼業の状況を把握することは必ずしも容易でない場合）とは異なる…。Y1 社は、…Xの業務を軽減する措置を取るべき義務（安全配慮義務）を負っていた。

イ　Y1 社は、…Xが兼業をしている事実を把握したにもかかわらず、兼業の解消を求めることはあったものの、XのA社における就労状況を具体的に把握することなく、（約3カ月にわたり）長時間の連続勤務をする状態を解消しなかったのであるから、安全配慮義務違反があったと認められる（ただし、不法行為法上の違法行為は否定）。

ウ　Y1 社…は、…Xが法の趣旨に反した長時間かつ連続の就労を…認識した場合には、…Xの希望する Y1 社における勤務シフトを承認しない等の措置をとることもできた…。X

の連続かつ長時間労働の発生は、X
の積極的な選択の結果生じたもので
あることは…過失相殺の有無・程度
において考慮されるにとどまる…。
（本件に表れた諸事実を踏まえると、
4割の過失相殺をするのが相当）。

エ　A社におけるXの兼業も、…Xが
主として労務を提供していたY1社
…における拘束時間外（私的な時間）
において行われ…、A社（が）積極
的に…Y1社におけるXの就労状況
を把握すべきであったとはいえな
い。

オ　本件雇止めまでの労働契約の通算
期間は1年1か月にすぎない。…更
新後の契約期間が当初の2か月間よ
りも長い1年間であること等を考慮
しても、Xについて契約更新に対す
る合理的期待…があると認めるのは
困難である。

カ　Xが就業規則に反して他業者と労
働契約を締結し、…合理性を有する
と認められる「業務指示書」への署
名押印を…拒否するなどしていた状
況…等を踏まえると、…雇止めし
たことについて、合理的理由があり、
かつ、社会通念上も相当と解される。

 応用と見直し

　本判決がXの請求を認容するに至っ
た基本的な前提は、Xが同一の店舗に
おいてY1社およびA社の下で就労し
ていたことより、Y1社はA社との労
働契約に基づくXの就労状況について
把握できる状況にあったということに
ある（「判決のポイント」ア参照）。し
たがって、本件判決の結論を、俄に副
業・兼業労働者の一般の場合にまで拡
大して捉えることは困難とは思われる
が、兼業者の本業に属する使用者（本
件のY1社）としては、兼業が自己の
指揮命令下にないことを以て、労働状
況を把握しないことの抗弁とは必ずし
もなり得ないという前例ができたこと
は実務上注意を要する。また、本件で
は、Y2社は、安全配慮義務違反を逃
れているが、Y1社とA社の同一の店
舗で就労していたことからすれば、個
別の事実認定によっては、本件のY2
社のような立場にある使用者もXの労
働状況を把握する余地がなかったとは
言い切れないところがあり、これも注
意を要すると思われる。

　労働者の長時間労働については、使
用者は、常時、警戒を要することは言
うまでもないが、仮に長時間労働の事
実を掴んだ場合には、相応の対応が必

要となる。本件では、FはXの兼業を認識した（平成26年3月下旬）後、比較的早期（同年4月10日）にXへ兼業解消を申し入れたものの、同年6月30日にXがA社を退社するまで、追加の措置（Xの労働状況を把握したうえでのシフト減少）を取らなかったことが、安全配慮として不徹底であったとの評価につながったものと思われる。必ずしも即時の実行が必要な場合ばかりではないかも知れないが、本件は、Xの月労働時間が300時間に達していたという特殊性も影響したと思われる。

MEMO

組織改編し未経験業務に、指導不十分で自殺？

－新潟市（市水道局）事件－（新潟地判令4・11・24）

弁護士　岩本　充史　　　　　　　　　　　　［労経速 2521 号 3 頁］

組織改編で未経験業務となった市職員が自殺したのは、パワハラでうつ病になったためとして、遺族が損害賠償を求めた。新潟地裁は、上司らが必要な指導をしたり、職場環境を改善し質問しやすい環境を構築すべき注意義務を怠ったと判断。上司は、職場の雰囲気や職員が悩みを相談しない性格であることを認識し得たとした。業務でうつ病を発症したとは認定しなかった。

質問し難い雰囲気あり、職場環境改善する義務怠る

事案の概要

本件は、平成 19 年 5 月に自殺により死亡したDの相続人（Xら）が、Dの勤務先（Y）に対し、Yの安全配慮義務違反によりDが自殺したと主張して、債務不履行に基づき、賠償を求めたものである。

Dは、昭和 44 年に生まれ、その後、平成 2 年に新潟市水道局に技手として採用された男性である。水道局の組織改編に伴って管路課給配水係所属となった。

平成 19 年 4 月、水道局の組織改編に伴って給配水係が新設され、E 係長は給配水係の係長となり、F 主査、D（副主査から主査に昇任）および H 技師も同様に給配水係の所属となった。

また、…I 主査が、給水装置課から給配水係に異動した。組織改編に伴い、現場作業を行う部署（工事事務所等）が行っていた単価表等の改定業務は、同月以降、全て給配水係が担当することとなった。E 係長は、平成 19 年 3 月頃、F、DおよびHに対し、単価表等の改定業務を担当することを命じた。Dは、それまで単価表等の改定業務に従事した経験はなく、当時、事務処理要領等（マニュアル類）も存在しなかった。

判決のポイント

(1) 平成 19 年 4 月初めの時点で、…Dは、分からない点をその都度前担当者又は当該業務の経験がある他の

職員に質問しながら当該業務に慣れていく必要がある状態であったこと

(2)　E係長には、同僚や（Dを含めた）部下に対し、仕事上、厳しい対応や頑なな対応を行う傾向や、時折、強い口調で発言する傾向があり、E係長自身も、自分がDに対し「強く当たっている」ことを自覚しており、これらの影響もあって、…職員の誰かが他の職員に対して業務に関する質問をするような雰囲気もなかったこと

(3)　Dは、真面目かつ温厚であり、物静かでおとなしく、自身の悩みを他者に余り相談しない性格であり、E係長から注意や叱責を受けて萎縮することが多く、E係長の自分に対する態度を「いじめ」であると感じて苦痛を感じ、E係長との接触をなるべく避けようとしていたこと

(4)　Dは、平成19年4月末時点においても…（改定）業務を終了させることができておらず、5月の連休明けにE係長から叱責されることなどを恐れて精神的に追い詰められ、そのことが主たる要因で自殺を決意したことがそれぞれ認められる。

　当時の水道局内は、…異動が予定されていない職員ばかりで、…人間関係が定年で退職するまで継続するような状況にあって、このような環境に応じた組織結束の文化もあった（証人M）ところ、…Dが、…コミュニケーション上の問題についてE係長を飛び越えて直接その上司であるL課長に相談することは、その性格上難しい部分があり、そのため、Dは、一人で悩みを抱え込むことになったのではないかと考えられる。

　これらの状況（日頃の執務等を通じ、E係長においてこれらの状況は認識していたか、少なくとも認識し得たはずである）に照らせば、平成19年4月当時、E係長には、…(1)Dによる業務の進捗状況を積極的に確認し、進捗が思わしくない部分についてはE係長又はI主査が必要な指導を行う機会を設けるか、又は、(2)E係長において部下への接し方を改善して給配水係内のコミュニケーションを活性化させ、DがE係長又はI主査に対して積極的に質問しやすい環境を構築すべき注意義務があったというべきである。

　本件では、上記の注意義務に違反した過失があったものというべきであり…、これによりDがその遺書…に記載されたような心境に陥って自殺するに至ったものと認めるのが相当である。

本件の争点は安全配慮義務違反の有無、因果関係、過失相殺、Xらの損害と損益相殺であるが、本稿では安全配慮義務違反の有無を紹介する。

1 精神疾患の発症の有無

自殺による損害賠償請求事件では、通常、精神疾患が発症していたことを前提として、当該精神疾患の発症と使用者の安全配慮義務違反との間に相当因果関係が存在していたかが問題となる。しかし、本判決では、Dに精神疾患が発症していた旨の認定がなされておらず（Xらは平成19年3月頃にうつ病エピソードを発症していたとの主張をしているが、裁判所は認定していない）、それにもかかわらず、使用者の安全配慮義務違反を認めたものであり、実務上参考となる。

安全配慮義務違反の事案ではないが、電通事件最高裁判決（最二小判平12・3・24）の事案では、「うつ病は、抑うつ、制止等の症状から成る情動性精神障害であり、うつ状態は、主観面では気分の抑うつ、意欲低下等を、客観面ではうち沈んだ表情、自律神経症状等を特徴とする状態像である。うつ病にり患した者は、健康な者と比較し

て自殺を図ることが多く、うつ病が悪化し、又は軽快する際や、目標達成により急激に負担が軽減された状態の下で、自殺に及びやすい」として、被災者がうつ病を発症したことを認定し、そのうえで上司は、被災者が著しい長時間にわたり労働していることおよび健康状態が悪化していることを認識しながら、その負担を軽減する措置をとらなかったことに過失があったと判断しているところ、本件でも精神疾患の発症について、もう少し説明が欲しいところである。

本判決は、Dの日頃の執務等を通じ、上司は職場の状況を認識していたか、少なくとも認識し得たはずと判断し、前記安全配慮義務があり、かつ、上司による安全配慮義務違反を認定している。この判断は、たとえば、オタフクソース事件（広島地判平12・5・18）では、作業環境自体が暑熱（自殺直前の夏場には摂氏40度程度であったと推定されている）であることや、同僚がミスを繰り返すこと、経験の多い同僚の人事異動などの点も重視し、安全配慮義務違反を認定していることからすれば、異存はない。

2　未経験の業務に従事させる際の配慮

本件では、これまでに従事したことのない業務にDを従事させた際の使用者の配慮のなさが、安全配慮義務違反の認められた重要なポイントとなっている。これは、精神障害の労災認定基準では「仕事内容・仕事量の大きな変化を生じさせる出来事があった」という項目が心理的負荷評価表にも記載されているところであり、本判決で認定されている安全配慮義務は、使用者が、職員に対し、これまで経験したことのない業務に従事させる際に、留意しておくべき事項であると思われる。

MEMO

先輩から暴力受けケガ、病気も発症と賠償請求

－東海交通機械事件－（名古屋地判令 4 ・12・23）

弁護士　牛嶋　勉　　　　　　　　　　　　　［労経速 2511 号 15 頁］

> 　先輩からの暴力で後遺症が残り、適応障害等を発症したとして、加害者と対応を怠った会社に対し、慰謝料等を求めた。名古屋地裁は、書類作成のミスに関して退職を迫る言動や暴力等は指導を逸脱したパワハラと認めたうえ、注意指導の過程で頭を叩くなどの暴行は上司の所長らも認識し得たことから安全配慮義務違反とした。加害者と会社に連帯して賠償支払いを命じた。

パワハラ放置で会社に責任、指導逸脱した行為

 事案の概要

　本件は、原告が、先輩従業員であった被告Ｙから、日常的に暴行、暴言、陰湿ないじめ行為などのパワハラを受け、被告会社はこれを放置し、原告は被告Ｙの暴行により左網膜周辺部変性、左外傷性鼓膜損傷等の傷害を負い、後遺症が残るとともに、適応障害およびパニック障害を発症したとして、損害賠償を求めた事案である。原告は、被告Ｙに対しては不法行為に基づき、被告会社に対しては民法715条の使用者責任および債務不履行責任に基づき、また、被告会社の行為につき不法行為に基づき、治療費、慰謝料、後遺障害逸失利益等の損害4296万余円等の支払いを求めた。

 判決のポイント

　被告Ｙは、原告の作成する書類に誤りが多いことや書類の作成が遅れることから、間違いを生じさせないために行うべきことを紙に書かせて、それを毎朝、他の従業員がいる前で音読させ、また、期限が守れなかった場合には退職するように書かせて、その後、期限が守れなかったとして退職を迫るような言動をしているが、かかる行為は、社会通念上許容される業務上の指導を逸脱した違法なパワハラ行為というべきである。また、被告Ｙは、…原告が使用するモニターを故意に倒して損壊し、原告にモニターが損壊したことを被告会社に報告させる、原告に謝罪のために土下座を求めるなどの行為をし

ているが、これらの行為も正当化する理由はなく、いずれも原告に対する違法なパワハラ行為である。

被告Yは、平成28年7月頃から同年12月29日までの間、暴力を含む継続的なパワハラ行為を繰り返していたと認めることができる。…パワハラ行為は、被告会社の事業の執行と密接に関連して行われたと認められるから、被告会社は、被告Yのパワハラ行為について、民法715条の使用者責任を負う。

M所長は、平成28年9月1日、原告から被告Yによる暴言や暴行があることを伝えられているが、原告の方が悪いと言って、何らの対応も取らなかったことが認められる。…N係長は、営業所内で被告Yが原告に対し、注意や指導の会話をする中で、頭を叩くなどの暴行が複数回繰り返されており、隣の席に座っていたことからそれを認識しえたはずであるのに、何らの対応も取らなかったことが認められる。原告の上司であるM所長とN係長は、被告Yが原告に対し暴力を振るっていることを認識しえたのであるから、原告が安全に業務に当たれるように被告Yの暴力を止めさせる対応を講じる必要があった。それにもかかわらず、M所長とN係長は、何らの対応も取らな

かったのであるから、被告会社において安全配慮義務違反があった（連帯して167万余円等の支払いを命じる）。

M所長は、被告Yの暴行による傷害で休んでいる原告に対し、治療費は自費で支払い、年休で休むように伝え、平成29年1月中旬頃、診断書を提出した原告に、「なぜ診断書を取ってくるんだ。こういうことをすると会社にいられなくなりますよ」と言ったことが認められる。M所長のかかる言動は、労災の申請をしようと考える原告に対する不当な指示であり、これをさせないために心理的圧迫を与える違法なものである。もっとも、M所長が被告会社の指示に基づいてかかる言動を取ったとか、被告会社の意向に沿ってかかる言動に及んだとまで認める証拠はない。したがって、被告会社の不法行為と認めることはできない。

 応用と見直し

❖ 控訴審の判断

本件の控訴審（名古屋高判令5・8・3）は、基本的に一審の判断を維持して、被告らに連帯して224万円余を支払うよう命じたうえ、被控訴人会社が速やかに労働者死傷病報告書を提出

しなかったことが不法行為に当たるとして、慰謝料10万円と弁護士費用1万円の支払いを被控訴人会社に命じた。

❖ パワハラの放置による責任

職場でパワハラ行為があった場合に、使用者や周囲の関係者がそれを阻止しなかったときは、使用者が賠償責任を負う場合がある。

たとえば、Y大学事件（東京地判令3・3・3）は、Y大学B病院において看護師として勤務していた原告が、①看護師長からパワハラを受け、心臓疾患・精神疾患等を発症したが、②被告は、配置転換等の労働環境を改善するための措置を講じず、かえって病院の関係者において原告の健康状態を顧みない言動があり、原告が精神疾患・心臓疾患等を発症または増悪し、長期間にわたり職場復帰が不可能な状況に追い込まれたとして、被告に対し、安全配慮義務違反による債務不履行または不法行為による損害賠償として休業損害等を請求した事案である。

裁判所は、「師長は、被告の履行補助者として、被告の安全配慮義務の内容に従って、業務上の指揮監督を行うべき地位にあったところ、原告の心身の健康に十分に配慮することなく、か

えって、原告に対して過大な心理的負荷を与える言動を繰り返し、本件叱責を行ったのであるから、被告の安全配慮義務の内容に従ってその権限を行使しなかったものであり、被告は、その安全配慮義務に違反したものとして、原告に対し、債務不履行責任（民法415条）を負う」、「本件叱責は、社会通念上許容される業務指導の範囲を超えて、原告に心理的負荷を与えるものであり、不法行為に該当し、本件叱責の態様に照らせば、師長において、これが社会通念上許容される業務指導の範囲を超えて不法行為に該当することを認識することは容易であった」、「本件叱責が、被告の業務の執行について行われたものである以上、師長の使用者である被告は、原告に対し、使用者責任（民法715条1項）を負う」、「師長の上司である次長…も、師長について、昔気質の厳しい性格であり、自身も師長の地雷を踏まないようにと思いながら仕事をしていたと述べていることなどが認められ、…師長の行き過ぎた厳しい指導に対しては、周囲の者が注意することができない状況にあり、現に注意等がされたことがなかった…。…師長は、…看護師の有給休暇の取得について、継続的に厳しい対応を行っており、看護師の事前に直接の

連絡がない遅刻や連絡の遅れに対しては、感情的に厳しく叱責することを繰り返していたのであるから、かかる師長の言動を放置していた被告において、安全配慮義務違反がないということはできない」として、被告の責任を肯定した。

❖ 実務上の留意点

　使用者としては、職場でパワハラ行為がなされているという申告が被害者またはその周囲の従業員からあった場合は、放置することなく、被害者や加害者と指摘された者、並びに周辺の従業員から事情聴取を行い、パワハラの有無・内容を確認し、パワハラが認められたときは、職務・役職等の変更を含む配置転換や、注意・懲戒処分等を検討しなければならない。

MEMO

約20年契約更新した非常勤講師の雇止め有効か

－国立大学法人東京芸術大学事件－（東京地判令4・3・28）

弁護士　岩本　充史　　　　　　　　　　　　　　　［労経速2498号3頁］

> 有期労働契約を更新されず雇止めされたとして、非常勤講師が地位確認を求めた。委嘱契約を約20年間更新されていた。東京地裁は、労働契約法の労働者に該当しないとして請求を退けた。授業内容の策定等の指揮命令を受けず、遅刻早退の賃金控除や保険料の徴収もなかったほか、大学の本来的業務に不可欠な労働力として組み込まれていなかったことも考慮している。

指揮命令なし、大学に不可欠な労働力として組み込まれていない

 事案の概要

　Xは、Yが設置する大学において非常勤講師の委嘱を受け、各講義の担当教官を務めていた。XとYとの間で締結していた期間を1年間とする有期の労働契約をYが令和2年4月1日以降更新しなかったことにつき、Xは、労契法19条により従前と同一の労働条件で労働契約が更新されたとみなされる旨を主張して、Yに対し、労働契約に基づき、労働契約上の権利を有する地位にあることの確認等を求めた事案である。

 判決のポイント

　Xが労契法2条1項の「労働者」に該当するか否かは、本件契約の内容、本件契約等に基づく労務提供の実態等に照らし、XがYの指揮監督下において労務を提供し、当該労務の提供への対価として賃金を得ていたといえるか否か（XとYとの間に使用従属関係が存在するといえるか否か）という観点から判断するのが相当である。

ア　Xは、平成13年4月から令和2年3月までの間、任用行為又は有期契約の更新を繰り返しながら非常勤講師として…音楽教育に継続的に携わっていたこと、本件契約に基づき、平成31年度に…本件各講義の担当

教官に任ぜられていたこと、本件各講義の共通テーマはYによって決定されて授業計画書にも記載され、Xは予定された講義日程に従い、…授業を前期・後期ごとに各2回行うことを指示されていたこと、Xは、本件各講義の担当教官（D1講師）の業務の補佐を指示されており、その一環として、他の外部講師が担当していた授業にもオブザーバーとして出席していたこと、XはY大学から提供された共用のデスク及びパソコンを実質的には一人で使用しており、Y大学のドメインが付されたメールアドレスの使用権限も与えられていたこと、本件契約に係る委嘱料は給与名目でXに支払われていたことが認められる。

イ　他方で、①…各授業の具体的な方針や授業内容…は外部講師とD1講師の協議により決定されており、Xが担当する授業…の具体的な方針や内容もXの裁量に委ねられていたこと、②D1講師の補佐業務の遂行に当たってもYから具体的な指揮命令等を受けていた形跡はなく、また、他の外部講師が担当する授業へのオブザーバー参加に関しても出席の頻度は全体の7割程度にとどまっていたこと、③Y大学の教授、准教授、専任講師等は、Yとの間で労働契約を締結し、専門型裁量労働制を適用されて所定労働時間労働したものとみなされていたのに対し、Xは、担当ないし出席する授業の時間帯及び場所が指示されていただけで、特に始業時間及び終業時間等の勤務時間の管理を受けておらず、他の外部講師が実施する授業に遅刻、早退又は欠席をする場合であってもYによる事前の許可あるいは承認が必要とはされていなかったこと、④Xが得た収入は1年間で約57万円…といささか僅少であるといえ、また、…社会保険料の徴収はされておらず、他の外部講師が担当する授業に欠席等をしたことを理由に本件契約に係る委嘱料が減額されるといったこともなかったこと、⑤Xは、Yから許可を得ることなく兼業をすることが可能とされており、…報酬を得ていたことが認められる。加えて、Xが…本件各講義に係る業務以外のYの組織的な業務に従事していたことを認めるに足りる的確な証拠はない。

ウ　Yは、Xに対し、…本件契約に係る委嘱業務の遂行に関し特段の指揮命令を行っていたとはいい難く、むしろ、本件各講義（Xが担当する授業）の具体的な授業内容等の策定は

Xの合理的な裁量に委ねられており、Xに対する時間的・場所的な拘束の程度もY大学の他の専任講師等に比べ相当に緩やかなものであったといえる。また、Xは、本件各講義の担当教官の一人ではあったものの、主たる業務は自身が担当する本件各講義の授業の実施にあり、業務時間も週4時間に限定され、委嘱料も時間給として設定されていたことに鑑みれば、…授業への出席以外の業務をYがXに指示することはもとより予定されていなかったものと解されるから、Xが、芸術の知識及び技能の教育研究というY大学の本来的な業務ないし事業の遂行に不可欠な労働力として組織上組み込まれていたとは解し難く、Xが本件契約を根拠として上記の業務以外の業務の遂行をYから強制されることも想定されていなかったといえる。加えて、Xに対する委嘱料の支払とXの実際の労務提供の時間や態様等との間には特段の牽連性は見出し難く、…委嘱料も、Xが提供した労務一般に対する償金というよりも、本件各講義に係る授業等の実施という個別・特定の事務の遂行に対する対価としての性質を帯びるものと解するのが相当である。…上記アの事情をXに有利に考慮しても、Xが本件契約に基づきYの指揮監督の下で労務を提供していたとまでは認め難いといわざるを得ない（請求を棄却）。

応用と見直し

労働契約法では「労働者」とは、使用者に使用されて労働し、賃金を支払われる者をいうと定義されている（2条1項）が、労基法上の労働者性と同じ内容といってよいと解される。ポイントは指揮監督下の労働と報酬の労務対償性である。この労働者性の有無は概ね、昭和60年労働基準法研究会報告書（「労働基準法上の『労働者』の判断基準について」）で示された基準、すなわち、①使用従属性に関する判断基準として（あ）諾否の自由の有無、（い）業務の内容および遂行方法に対する指揮命令の有無等、（う）拘束性の有無、（え）代替性の有無、（お）報酬の労務対償性に関する判断、②労働者性の判断を補強する要素として（か）事業者性の有無、（き）専属性の程度等、報酬について給与所得としての源泉徴収を行っていること、労働保険の適用対象としていること、服務規律を適用していること、退職金制度、福利厚生を適用していること等を総合的に判断

して労基法上の労働者性を判断する必要があるとされている。

　本判決は、上記のとおりこの判断要素を総合的に判断したものであり、妥当なものと解される。ただし、本判決は「Xが…不可欠な労働力として組織上組み込まれていたとは解し難」い点も理由として挙げているが、この要素

は労組法上の労働者性（3条）を判断するためのものであり（最三小判平23・4・12、最三小判平24・2・21等）、この点の記載は不要であると考える。

　本判決は、大学の非常勤講師が労働契約上の労働者ではないと判断されたものであり、実務上参考となる。

雇止め

MEMO

・・

・・

・・

・・

・・

・・

・・

・・

・・

・・

・・

・・

・・

更新確定メール送ったが問題行動ありと雇止め

－グッドパートナーズ事件－（東京地判令4・6・22）

弁護士　渡部　邦昭　　　　　　　　　　　　　［労経速 2504 号 3 頁］

介護福祉士である派遣労働者が、2カ月で雇止めされ地位確認等を求めた。会社は更新確定のメールを送信したが、その後業務の報告相談を怠ったとして取り消した。東京地裁は、更新に強い期待が認められ、雇止めする合理的理由もないと判断。会社は言動を注意指導せず更新しない事情と捉えていたとはいえない。長期の契約は予定されず2度目以降の更新は認めなかった。

合理的期待有する、2カ月更新の取消し認めず

 事案の概要

会社は、主に介護の仕事を紹介する人材派遣会社である。甲は、使用者である会社との間で、契約期間を平成31年2月3日～3月31日、契約更新について「更新する場合があり得る」との前提で有期雇用契約（本件契約）を締結し、有料老人ホームに派遣されていた夜勤専従の介護福祉士である。

会社の職員であるAは、2月21日、甲に対し、「ご契約更新の期間が確定しましたので、ご報告させて頂きます」、「ご契約更新期間：2019年5月末日まで※2カ月の更新が確定しました！」、「個別契約書につきましては、順次発送させて頂きます」との内容の電子メール（本件メール）を送信した。

甲は、2月25日の勤務時間終了後、本件施設の副施設長に対し、21日に施設職員による利用者への虐待行為があったとして、その旨報告し、行政機関にも同内容の通報を行うとともに会社に報告した（しかし、利用者への虐待の事実は確認されなかった）。

会社は、3月6日、甲に対し、上記契約更新を取り消し、同月31日をもって、契約期間満了により本件契約が終了したものと扱い、4月以降の契約の更新をしなかった。

甲は、雇止めは無効であると主張して、会社に対し労働契約上の権利を有する地位にあることの確認を求めるとともに、4月分から令和3年12月分までの未払賃金等の支払いを求めたものである。

判決のポイント

1　更新に対する合理的期待の有無とその期間について

　本件メールは、本件契約の更新が確定したことを内容とするものであるから、…本件契約の更新につき強い期待を抱かせるものであった…。しかしながら、本件メールは、２カ月間と期間を明示して、本件契約の更新が確定したことを内容とするものであり、次回（６月以降）の更新については期待を抱かせるようなものではなかった。

　本件雇止めが本件契約の初回の更新時にされたものであり、雇用継続に対する期待を生ぜしめるような反復更新もされていなかったことからすると、本件メールに記載のない２度目（６月）以降の契約更新について、…更新を期待することに合理的な理由があったと認めることはできない…本件メールの内容からは、本件契約の更新について契約書の作成が行われていたことが認められるのであって、契約更新について一定の手続がとられていたものといえるから、再面接が行われないことをもって同年６月以降の契約更新を期待することに合理的な理由があるとはいえない。

　甲は、業務内容や事業の特殊性から、本件契約は長期にわたる更新が前提と…主張するが、…業務の内容や事業の性質が、本件契約が原則として更新されることが予定されていたといえるだけの実質を備えていたと認めるに足りる証拠もない。

　本件契約が更新され同年５月31日まで継続すると期待することについては合理的な理由がある…が、…６月１日以降については、合理的な理由があるとは認められない。

2　本件雇止めには合理的理由があるかについて

　会社は、本件雇止めの理由として、甲は自慢話等の不要な話が多いこと…を主張するところ、会社が…３月６日以前において、業務と関係のない話をやめるよう指導した事実も認められない。加えて、会社においては、本件メールを送信した同年２月21日の時点では本件契約を更新するとの判断をしていたものであり、少なくとも同日以前の甲の行為について、契約更新をしないだけの事情があるとは捉えていなかったものと認めるのが相当である。

　甲の転倒事故や誤薬投与に係る行為について…２月12日の欄（編注：会社の提出する証拠記載）に、同月８日

雇止め

の転倒事故について甲から連絡があった旨の記載があるものの、…甲に問題視するような報告懈怠があったとの判断を会社がしていたことを窺わせる記述はないし、また会社に報告しなかったことについての指導がなされた形跡も見当たらない。また、同月21日の欄の…記載からは、甲が誤薬投与について会社に報告しなかったことまでは読み取れず、この記載をした時点で甲に対して何らかの注意指導がなされた形跡もない。

3月13日に甲と…職員Bとの…個人面談において、Bは、…本件通報行為について事前に報告しなかったことを問題視する発言をしたものであるが、…Bが転倒事故や誤薬投与に係る甲の報告懈怠について言及した事実は認められない。加えて、…本件メールを送信した時点では、会社は本件契約を更新するとの判断をしていたことをも踏まえれば、…本件雇止めの客観的に合理的な理由に当たるものとは評価できない。

以上によれば、本件雇止めについて、客観的に合理的な理由があるとは認められない。

 応用と見直し

⑴　有期雇用契約は、期間満了により当然終了する。従って、更新がなされない限り、期間満了とともに終了するのが原則である。しかし、最高裁の確立した判例法理により、①実質無期契約タイプ、②反復更新期待保護タイプ、③継続特約期待保護タイプについて、労働契約法19条として立法化された。②に関して、日立メディコ事件（最一小判昭61・12・4）は、期間2カ月の雇用契約が5回更新されて雇止めされた事案であるが、期間の定めのない雇用契約と実質的に異ならないとはいえない場合でも雇用関係のある程度の継続が期待され、契約が更新されていた場合には、解雇法理が類推適用されるとしている。

本件では、上記③を明文化した法19条2号（有期雇用契約の期間満了時に労働者が契約更新することについて合理的理由が認められること）に該当するか否かが争われた。

⑵　本件では、甲の雇用継続（更新）への合理的期待が認められるか否かが問題となった。本件では初回の更新であったが、期間満了の3月31日の約1カ月前の2月21日に会社

の職員Bが甲に対して、本件メールを送信していたことから、更新の合理的期待があったとしたものである。ただ、その直後の25日に、甲が「21日に施設職員による利用者への虐待行為があったとして会社へ報告するとともに、行政機関に通報した」こと（しかし、利用者への虐待の事実は確認されなかった）から、会社が本件メールによる更新を取り消し、3月6日に本件雇止め（3月31日をもって終了）したものである。

(3) 本件は、初回の更新であること、有期雇用契約期間は2カ月という短期雇用であること、本件メールが期間満了の1カ月以上前になされていて、その取消しが3月6日と余裕をもってなされていること、本件メール後に新たな事実が発生していること、本件メールの取消しは新たな事情を斟酌したものであること等を考慮すると、会社が方針転換して、本件雇止めをしたとしても不合理とまではいえないのではないか。

(4) 前記した③のタイプの期待保護の労契法19条2号の適用について、本件のような初回更新の場合には慎重に検討する必要があろう。

MEMO

2カ月の派遣満了、雇止め無効とした一審は？

－グッドパートナーズ事件－（東京高判令5・2・2）

弁護士　岩本　充史　　　　　　　　　　　　［労判 1293 号 59 頁］

　派遣労働者に有期雇用契約の更新が確定したとのメールを送信した後の雇止めを無効とした事案の控訴審。派遣期間に合わせて2カ月契約を締結していた。東京高裁も、メールの内容は更新に強い期待を抱かせるとして雇止めを無効とした。労働契約法 19 条 2 号に基づき、従前の2カ月契約で更新したものとみなした。メールに記載のない2度目の更新の期待は認めなかった。

確約メールを送信し更新ゼロでも強い継続期待あり、雇止め無効

 事案の概要

　介護の仕事を紹介する人材派遣会社であるYと派遣労働者であるXは、平成 31 年 2 月 3 日、同日から 3 月 31 日までの約 2 カ月弱の有期労働契約を締結した。Xは、同日をもって本件契約につき雇止めをされたところ、本件雇止めは無効である旨主張して、Yに対し、労働契約上の権利を有する地位にあることの確認、上記労働契約に基づき、同年 4 月分から令和 3 年 12 月分までの未払賃金の支払い、本件雇止めが不法行為に当たると主張して、不法行為による損害賠償の支払等を求めた事案である。

　Xは、Yから、平成 31 年 2 月 21 日、「ご契約更新の期間が確定しましたので、ご報告させて頂きます」「ご契約更新期間：2019 年 5 月末日まで　※ 2 ヶ月の更新が確定しました！」「個別契約書につきましては、順次発送させて頂きます」との電子メール（以下「本件メール」）を受信した。

　Xは、平成 31 年 2 月 25 日の勤務時間終了後、本件施設の副施設長に対し、施設職員による利用者への虐待行為があったとして、その旨報告し、行政機関にも同内容の通報を行うとともに、Yに報告した。

　Yは、同年 3 月 6 日、Xに対し、契約更新を取り消し、新たに仕事の紹介もしないと通知し、同月 31 日をもって、契約期間満了により本件契約が終

了したものと扱い、本件雇止めをした。

　Xは、平成31年4月16日から、別会社との間で次の内容の有期労働契約（更新あり）を締結し、夜勤専従の介護福祉士として稼働している。

　一審（東京地判令4・6・22）は、本件雇止めは無効であるが、平成31年4月1日から令和元年5月31日を終期とする有期労働契約であるから同日をもって終了したこと、かつ、本件雇止めについて不法行為に基づく請求には理由がないと判断し、平成31年4月分および令和元年5月分の未払賃金から中間収入を控除した額の支払いについて認容した。これを不服としたXが控訴した。

　争点は複数あるが、更新への合理的な期待の有無の点について紹介する。なお、控訴審判決は一審の判断を維持している（中間収入の控除は除く）。本件は、上告棄却・不受理（最一小決令5・9・28）で確定した。

 判決のポイント

❖更新に対する合理的期待の有無及びその期間

⑴平成31年3月31日時点での更新の期待について

　本件契約に係る契約書には、更新があり得る旨の記載があったところ、Yの職員であるGは、平成31年2月21日、Xに対し、本件契約が更新されるとの内容の本件メールを送信した…。本件メールは、本件契約の更新が確定したことを内容とするものであるから、これを受信したXにおいて、初回の契約満了時である同年3月31日の時点において、…本件契約が更新されることについて強い期待を抱かせるものであったということができる。そうすると、Xには、同日時点において、本件契約が更新されるものと期待することについて合理的な理由があると認められる。

⑵令和元年5月31日時点における更新の期待について

　Xは、平成31年3月31日時点だけでなく、それ以降の契約更新についても合理的期待が生じている旨主張する。

　しかしながら、本件メールの内容は、

２か月間と期間を明示して、本件契約の更新が確定したことを内容とするものであり、令和元年６月以降の更新について期待を生じさせるような内容ではなかったというべきである。

そして、本件メール以外に、Yにおいて同月以降の更新につき期待させるような言動があったと認めるに足る証拠はなく、本件契約を締結した当初において、長期にわたる更新が予定されていたことを窺わせる事情も認められない。加えて、本件雇止めが本件契約の初回の更新時にされたものであり、雇用継続に対する期待を生ぜしめるような反復更新もされていなかったことからすると、本件メールに記載のない２度目以降の契約更新について、Xが更新を期待することに合理的な理由があったと認めることはできない。

 応用と見直し

有期労働契約は、期間が満了すれば原則として終了するのであり、労働契約法 19 条２号に該当する場合に例外的に客観的合理的理由等が必要となるに過ぎない。この点、更新回数が少ない場合または更新回数がゼロの場合でも例外的に解雇権濫用法理（現在の労契法 19 条２号）の類推適用が認めら

れた裁判例（龍神タクシー事件＝大阪高判平３・１・16）では、①使用者において自己都合による退職者を除き例外なく有期雇用契約が更新されていること、②雇用契約更新手続きがずさんであること、③正社員の運転手が退職し欠員が生じた場合には臨時有期契約の運転手の中から希望する者を正社員運転手として登用して補充していること、といった特段の事情を適示したうえで同法理の類推適用が認められているに過ぎない。

労契法 19 条２号の要件に該当するか否かは、当該雇用の臨時性・常用性、更新の回数、雇用の通算期間、契約期間管理の状況、雇用継続の期待を持たせる使用者の言動の有無等の客観的事実を総合考慮して判断され、かつ同号の「満了時」とは、最初の有期労働契約の締結時から雇止めされた雇用契約の満了時までの間のすべての事情が総合的に勘案されるが、期間満了による終了という原則に対する例外的な条項なのであるから、法 19 条２号に該当するか否かは厳格に判断するべきである。

本判決の判示からは明らかではないが、おそらくXは登録型派遣であったと思われ、登録型派遣については一般的に継続雇用への期待を認めるのが困

難であると思われる（マイスタッフ事件＝東京高判平 18・6・29 等）。ところが、本判決は労契法 19 条 2 号の適用を認めているが、本件において、ＸＹ間の有期労働契約は初回であり、本件メールの存在という特段の事情がなければ労契法 19 条 2 号該当性は否定されるべき事案であったと考える。

さらに、本件契約が法定更新された後については、労契法 19 条 2 号の適用が否定されているが、これは当然の判断というべきであろう。

実務において、当初の雇止めが争われている最中に、有期労働契約の期間が満了してしまうことは珍しくないのであり、仮に法定更新された場合にも必ず労契法 19 条 2 号が適用されるか否かは検討すべきである。

雇止め

MEMO

有期雇用は上限5年まで、雇止め有効の一審は

－日本通運（川崎）事件－（東京高判令4・9・14）

弁護士　牛嶋　勉　　　　　　　　　　　　　　　　［労判1281号14頁］

　1年間の有期雇用契約を締結し、明示していた5年の上限に達したため雇止めした事案。地位確認請求を退けた一審と同様に、東京高裁も不更新条項は有効であり、更新の合理的期待を否定。元従業員は上限条項の説明を受け十分認識しており、自由意思に基づかず合意したとはいい難いとした。無期転換権や雇止め法理を定めた労契法の適用を回避、潜脱するとはいえないとした。

認識して契約締結、不更新条項への合意認める

 事案の概要

　本件は、平成25年6月に期間1年の有期雇用契約を締結した後、平成26年、27年、28年、29年の各6月に契約を更新し、当初から明示されていた5年が上限である旨の契約条項に基づき、5年の期間満了日である平成30年6月で雇止めをされた従業員が、雇止めは無効であるなどと主張して、雇用契約上の地位確認等を請求した事案である。

　一審（横浜地裁川崎支判令3・3・30）は、請求を棄却し、一審原告が控訴した。

 判決のポイント

　労働契約法18条の規定…が導入された後も、5年を超える反復更新を行わない限度において有期労働契約により短期雇用の労働力を利用することは許容されている…から、その限度内で有期労働契約を締結し、雇止めをしたことのみをもって、同条の趣旨に反する濫用的な有期労働契約の利用であるとか、同条を潜脱する行為であるなどと評価されるものではない。もっとも…同法19条による雇止めの制限が排除されるわけではない。

　使用者が、一定期間が満了した後に契約を更新する意思がないことを明示・説明して労働契約の申込みの意思表示をし、労働者がその旨を十分に認

識した上で承諾の意思表示をして、使用者と労働者とが更新期間の上限を明示した労働契約を締結することは、これを禁止する明文の規定がなく、同法19条2号の適用を回避・潜脱するものであって許容されないと解する根拠もない…上、使用者と労働者とが更新期間の上限を明示した労働契約を締結したという事情は…契約期間管理の状況、雇用継続の期待を持たせる使用者の言動の有無といった考慮事情と並んで、契約の更新への期待の合理的理由を否定する方向の事情として、当該有期労働契約が更新されるものと期待することについて合理的な理由があるものであると認められるか否かを判断する際の考慮要素となる。

本件不更新条項等は、控訴人が労働条件や契約更新について何らかの期待を形成する以前である、本件雇用契約の締結当初から明示されていたものであり、しかも、本件雇用契約書及び説明内容確認票の各記載内容によれば、本件雇用契約の雇用期間は5年を超えない条件であることは一義的に明確であること、…課長は…控訴人に対し、そのことを明示・説明したこと、控訴人も本件不更新条項等の存在を十分認識して契約締結に至ったものである…から、…本件雇用契約の締結に際し、

契約の更新に関して控訴人の正当な信頼・期待に反する条件を押し付けられたなど、自由な意思に基づかないで合意がされたとの事情があったとはいい難いし、…控訴人に、契約更新についての合理的期待が生じていたと認めるに足りる証拠はない。

控訴人の請求はいずれも理由がないから、これを棄却した原判決は相当である。

 応用と見直し

❖ 更新上限の明示義務の新設

平成25年4月に施行された改正労働契約法18条は、通算期間5年を超える有期雇用労働者の無期転換申込権を規定した。この規定を受けて、近年、更新上限を明記する有期労働契約が増加し、それにかかわる紛争や訴訟も増加している。

この状況に応じて、令和6年4月1日に改正労働基準法施行規則5条が施行された。それにより、有期労働契約の締結と契約更新に際し、更新上限（有期労働契約の通算契約期間または更新回数の上限）の有無と内容の明示が義務付けられた。また、更新上限を新たに設け、または短縮する場合は、その

理由を、あらかじめ有期契約労働者に説明することが義務付けられた。この改正に対応したモデル労働条件通知書も厚生労働省のホームページに掲載されている。

❖福原学園事件（最一小判平28・12・1）

判決は、契約職員規程に「3年を限度に更新することがある」との規定があり、1年契約の更新時に雇止めがなされ、その後も1年経過する都度2度の予備的雇止めがなされた事案について、「本件規程には、契約期間の更新限度が3年であり、その満了時に労働契約を期間の定めのないものとすることができるのは、これを希望する契約職員の勤務成績を考慮して上告人が必要であると認めた場合である旨が明確に定められていたのであり、被上告人もこのことを十分に認識した上で本件労働契約を締結したものとみることができる」などと述べて、最後の雇止めを有効と判断した。

❖日本通運（東京）事件（東京高判令4・11・1）

有期労働契約が7回更新されたが、5番目以降の労働契約には更新上限条項が追加されていた事案である。

一審（東京地判令2・10・1）は、「労働契約7の締結前に、原告が、被告の管理職から、被告が…商品配送業務を失注し事業所を閉鎖する見込みとなり、次期契約期間満了後の雇用継続がないことについて、個人面談を含めた複数回の説明を受け、被告に代わり…業務を受注した後継業者への移籍ができることなどを説明され、契約書にも不更新条項が設けられたことにより、労働契約7の締結の時点においては、それまでの契約期間通算5年1箇月、5回の更新がされたことによって生じるべき更新の合理的期待は、打ち消されてしまった…。…労働契約8締結時も、契約書に不更新条項が設けられ、管理職が、原告に対し、契約期間満了後は更新がないことについて説明書面を交付して改めて説明を行ったことにより、合理的な期待が生じる余地はなかった…」「労働契約8の満了時において、当初の契約時から満了時までの事情を総合してみれば、原告が被告との間の有期労働契約が更新されると期待することについて合理的な理由がある（労契法19条2号）とは認められない」などと判断して原告の請求を棄却した。

控訴審は、一審の結論を維持し、控訴を棄却した。

❖実務上の留意点

　福原学園事件最判も踏まえて裁判例の動向をみると、当初から更新上限のある労働契約を締結し、労働者も更新上限があることを十分認識していた場合は、更新上限に従った雇止めは有効とされる可能性が高いと考えられる。

途中から更新上限が設けられた場合は、更新の期待に合理的な理由があるか否かが問題となり、合理的な理由があるときは、雇止めに客観的に合理的な理由があるか否かが問題になる。今後は、更新上限を設ける場合には、労働契約や労働条件通知書に明記し、十分説明しておくことが重要である。

雇止め

MEMO

....
....
....
....
....
....
....
....
....
....
....
....
....
....
....
....
....

就業規則変えて更新上限5年、無期転換逃れ？

－国立大学法人東北大学（雇止め）事件－（仙台高判令5・1・25）

弁護士　岡芹　健夫　　　　　　　　　　　　　　　　［労判1286号17頁］

　事務補助業務などに従事して、期間満了で雇止めされた職員が、地位確認等を求めた事案の控訴審。使用者は就業規則を改正して無期転換に必要な期間のカウントを開始する平成25年度から5年を上限としていた。仙台高裁も雇止めは違法無効とはいえないと判断。理由として、当該職員が長期間従事していた業務は基幹的業務といえず契約期間で業務が変化していることから雇用の常用性を否定した。

基幹業務といえず、"常用性"なく雇止めは有効

事案の概要

　国立大学法人であるＹ法人においては、時間雇用職員（週30時間を超えない範囲内で、一事業年度を超えない範囲内で期間を定め雇用する職員等）の就業規則（以下「旧就業規則」）に、原則3年の範囲内で雇用を更新する旨が定められていた。

　平成18年4月1日、ＸはＹ法人との間で、Ｙ法人が設置する大学院であるＡ学研究科における時間雇用職員として、契約期間を同日から翌年3月31日までとする有期労働契約（以下「平成18年度労働契約」。他の年度についても同様）を締結した。その後も、Ｙ法人から謝金の支払いを受けてＹ

法人の業務に従事した平成22年度を除き、平成19年度から29年度まで、Ｘは、Ｙ法人との間で、時間雇用職員として有期労働契約を締結した。

　Ｘは、平成18年度から20年度までは、教育研究支援者としてネットワークシステムの製作の補助業務等、同21年度は技術補佐員として研究プロジェクトに関する業務、同22年度は、勤務時間の定めなく、謝金の支払いを受けて、コンピュータネットワークのメンテナンス業務等（以下「謝金業務期間」）、同23年度から25年度までは、事務補佐員として主に書類の印刷・製本の業務等に従事した。

　Ｘは、平成18年度労働契約締結の際に、Ｙ法人に対して、当初の採用

日（平成18年4月1日）から3年限りで任期が満了し、以後再採用されない旨の確認書を提出した。また、平成23年度労働契約を締結するに際し、Y法人に対し、当初の採用日（平成23年4月1日）から3年限りで任期が満了し、以後再採用されない旨の確認書を提出した。

Y法人は旧就業規則を改正し、平成26年4月1日に施行された新就業規則（以下「新就業規則」）には、2以上の期間の定めのある労働契約の期間を通算した期間（以下「通算契約期間」）の上限は原則として5年以内とする旨、規定された（以下「本件上限条項」）。

本件上限条項により、同25年4月1日時点でY法人の時間雇用職員であった者の通算契約期間は原則として同日から5年以内（同30年3月31日まで）とされた。Xの平成27年度以降の労働契約には、更新について「上限有（具体的には平成30年3月31日まで）」との記載がなされた。

XとY法人との間の平成19年度以降の労働契約の締結に際しては、Xの上司が任用依頼書の原案を作成し、その内容をXに確認し、総務係が研究科長名の労働条件通知書ないし労働条件通知書（兼同意書）を準備し、上司を通じて、Xに交付ないしXの署名を得

るという手続きであった。平成29年度の任用依頼書の原案を作成するに当たっては、次期雇用更新の有無欄は「無」と作成された。

Xは、平成30年2月15日までにY法人に対し、労働契約の更新の申込みをしたところ、Y法人は、同年3月31日、Xとの間の労働契約の更新を承諾せず、本件上限条項に基づき、同日の契約期間の満了をもって雇止めとした。

そこでXは、地位確認等を求めて提訴し、一審判決（仙台地判令4・6・27）は、Xによる労働契約上の地位確認請求等の請求をいずれも棄却したため、Xが控訴したのが本件である。

 判決のポイント

有期労働契約について、その雇止めが、無期労働契約における解雇と社会通念上同視することができるといえるためには、契約期間の満了ごとに厳密な更新手続きがとられない状況下で有期労働契約が多数回更新された事情があるなど、当該有期労働契約が、契約期間の満了ごとに当然更新を重ねてあたかも無期労働契約と実質的に異ならない状態で存在していたといえることを要する…。Xの有期労働契約は、契

雇
止
め

約期間の満了前に相応に厳密な手続きを履践して締結されていたものであるから、…無期労働契約と実質的に異ならない状態となっていたということはできない。

労働契約法19条2号に該当するというために…契約更新を期待する合理的理由があるといえるかは、雇用の臨時性・常用性、更新の回数、雇用の通算期間、契約期間管理の状況、雇用継続の期待をもたせる使用者の言動の有無などの客観的事実を総合的に考慮して判断される…。

①Xが平成18年度から平成29年度までに従事した業務がY法人における基幹的業務であるとはいえないことや、Xが従事した業務が時期によって変化していることを考慮し、その雇用につき常用性があるとは認めるに足りない…、…②本件各労働契約等に契約条件や契約締結手続等において一定の差異が認められる…、③X自身、謝金業務期間における自らの立場はアルバイトのようなものであると認識しており、…Y法人も、謝金業務期間を中断期間として扱った…という…事情も総合考慮した上で、…契約期間管理が旧就業規則及び運用指針に沿ってされていたかどうかを判断することは…不当…とはいえない（筆者注：つまり

は、平成22年度の謝金業務期間を除外すれば、旧就業規則の契約更新条件に沿った運用がされてきたと判断できる）、④契約期間管理が形骸化していたとはいえず、…本件雇止めが違法無効とはいえない（上告棄却、不受理）。

応用と見直し

本件は、外見を全体的にみれば、XはY法人に平成18年度から同29年度まで12年度の長きにわたり就業しており、少なくとも労働契約法19条2号にいう、契約更新の合理的期待は認められるようにも思われるが、12年間の経緯を時系列に沿って検討していくことで、上記の合理的期待が否定されるに至っている。平成22年度の謝金業務期間の存在、同期間の雇用形式を重視すれば、Y法人の規定やXとの確認書に記載していた契約更新の上限に違背するような契約更新を行っていなかったこと、Xが上記規定や確認書の範囲を超えた契約更新の合理的期待を有していなかったことから、本判決の結論は形式論理として是認されよう。

有期契約社員を巡る実務においては、上述のような、使用者内の規定（その周知も含め）、契約締結における

上限の確認が必ずしも完備されていない例が多く見られるが、そうした場合は、契約更新を重ねていけば、労働者側の契約更新への合理的期待を希薄化することは難しくなる。なお、本件のような契約当初からではなく、ある程度契約更新が為された後になって、契約更新上限の確認を図ることも実務では見られるが、これは、事案によっては、更新上限が法的に無効とされることもあるので、注意が必要である（博報堂〈雇止め〉事件＝福岡地判令2・3・17等）。

MEMO

通勤手段を偽り手当受給、退職願出さず解雇に

－T大学事件－（東京地判令3・3・18）

弁護士　牛嶋　勉　　　　　　　　　　　　　［労経速 2454 号 10 頁］

　通勤手当を不正受給したとして、懲戒免職（依願退職）となった准教授が、退職願を出さず懲戒解雇されたため地位確認等を求めた。通勤届の電車でなくバイクを利用していた。東京地裁は、不正は採用当初から 6 年以上にわたり、約 200 万円の損害も多額などとして請求を退けた。処分歴がないことを考慮しても、退職金が支給される免職処分は裁量権逸脱に当たらない。

採用当初から不正、退職金出る懲戒免職は有効

事案の概要

　大学の准教授の地位にあった原告が、通勤手当を不正に請求したなどとして、被告法人から免職処分とされたが退職願を提出しなかったため懲戒解雇されたことについて、同処分は懲戒権を濫用したものであり無効であるとして、労働契約上の地位確認等を求めた事案である。

判決のポイント

　使用者が労働者に対して懲戒処分をするに当たっては、使用者は、懲戒事由に該当すると認められる行為の動機、態様、結果、影響等のほか、当該行為の前後における態度、懲戒処分等の処分歴、選択する処分が他の労働者に与える影響等、諸般の事情を考慮して、懲戒処分をすべきかどうか、また、…いかなる処分を選択すべきかを決定する裁量権を有していると解すべきであり、…処分が社会通念上著しく妥当性を欠いて裁量権の範囲を逸脱し、又はこれを濫用したと認められる場合に限り、無効と判断すべきものである。

　本件通勤手当受給及び本件無届通勤は採用当初より…6 年以上の長期にわたり…受給額全額について詐欺と評価し得る悪質な行為であって、その経緯や動機には酌むべき事情は見当たらない。…被告が被った損害は、合計約200 万円と多額であり…生じた結果は重大である。原告は…本件懲戒処分時において本件通勤手当受給及び本件無

届通勤につき真摯に反省していたものとは到底認められない。…本件通勤手当受給の悪質性、これに係る経緯及び動機に酌むべき事情が見当たらないこと、結果の重大性、真摯な反省が見られないことに加え、被告において他の教職員が同様の不正受給を行うことを抑止する現実的な必要性が高いことも踏まえると、上記懲戒事由該当行為のみでも、戒告やけん責にとどまらず、免職を含む重い懲戒処分が相当である。

原告は、悪質な詐欺と評価すべき行為により重大な結果を生じさせた上、全体的に規範意識の欠如が顕著であるだけでなく、自己の行為を隠蔽する行動に出るとともに、自己の責任を自覚せず、他者に責任を転嫁するような言動を繰り返すなどしたものであり、被告大学の教員として、学生を指導育成するとともに、その研究を指導する職責を担うにふさわしいとは到底いえないと評価せざるを得ない。

そうすると、過去に懲戒処分歴がないことに加え、本件懲戒処分による現実的な不利益を含む原告に有利な事情を最大限考慮しても、懲戒処分のうち最も重い懲戒解雇ではなく、退職届を提出した場合には退職と扱って一定の退職金が支給される免職を選択した被

告の判断は、社会通念上相当なものであり、裁量権の逸脱又は濫用があったということはできない。

本件懲戒処分は、客観的に合理的な理由があり、社会通念上相当であると認められるから、有効である。

 応用と見直し

❖ 懲戒処分の相当性

国鉄中国支社事件（最一小判昭49・2・28）は、「懲戒権者は、どの処分を選択するかを決定するに当たっては、懲戒事由に該当すると認められる所為の外部に表われた態様のほか…所為の原因、動機、状況、結果等を考慮すべきことはもちろん、更に、当該職員のその前後における態度、懲戒処分等の処分歴、社会的環境、選択する処分が他の職員及び社会に与える影響等諸般の事情をも斟酌することができ…これら諸事情を綜合考慮したうえで…企業秩序の維持確保という見地から考えて相当と判断した処分を選択すべきである。…判断については懲戒権者の裁量が認められている」と判断しており、懲戒処分については「相当性の原則」があるとされている。本判決も、上記最高裁判決に沿った一般論を判示

した。

❖ 手当等の不正受給による懲戒処分

手当等の不正受給を理由とする懲戒処分が争われた裁判例は少なくない。不正受給に当たるか否か微妙な事案も多く、裁判例の結論も事案次第でまちまちである。

東京地判（令2・1・29）は、原告が、通勤届と異なり自己所有の自動車による通勤を行い、通勤手当を不正に受給したとして、けん責処分に処された事案につき、「被告の通勤手当支給要綱によれば…自動車等通勤は、『公共交通機関を利用して通勤することが著しく困難で、自動車又は自転車等の交通用具の利用がやむを得ないと判断される』例外的な場合に、社員による所定の申請手続を経て、…通勤手当を支給することができるとされる…。…原告は、結果として、原則である公共交通機関の利用を前提とする通勤手当と自動車通勤を前提とする通勤手当との差額56万…円を不正に受給したものと認められる」「原告は、平成23年8月末頃から平成27年12月までの長期間にわたって、実際には、自家用車で…通勤していたにもかかわらず、所定の届出や申請を怠り、また、2回に

わたり事実と異なる届出をしていたこと、不正受給に係る通勤手当受給分の総額…などを考慮すると…その態様は悪質なものである」などと述べて、本件懲戒処分は有効であると判断した。

他方、東京地裁立川支判（平31・3・27）は、大学の教授であった原告が、自動車通勤手当を不正に受給したことを理由に定年退職直前に懲戒解雇された事案につき、「被告においては…『自宅』と通勤届等記載の住所地、住民票記載の住所地は同義のものとして解釈、運用されてきた…。…原告の住民票記載の住所地は、…現在に至るまでA町宅であり…通勤届等にもその住所地を記載していた…平成19年4月から平成29年2月までの間も、その『自宅』はA町であったということができる。そして…原告のA町宅での生活実態があること…授業のある日に限っても週全体でみれば、原告はB宅を経由してA町宅とCキャンパスとの間を通勤しているとみることもできる上、原告は授業以外の業務のために授業のない日にA町宅からCキャンパスまで出勤することもあったことを併せ考慮すれば、原告が、平成19年4月から平成29年2月までの間、A町ルートによる通勤手当を受給したことが明らかに不当ということはできない」と述べ

て、本件懲戒解雇は無効であると判断した。

❖実務上の留意点

　手当等の不正受給であるといえるか否かは難しい判断になることが少なくない。手当等の不正受給を理由として懲戒処分を行う場合は、就業規則の懲戒事由に該当するか否か、懲戒の種類のどれを選択すべきかを十分検討する必要がある。

MEMO

懲戒処分

部下への暴行罪で罰金命令、免職処分重すぎ!?

－長門市・長門消防局事件－ （最三小判令4・9・13）

弁護士　牛嶋　勉　　　　　　　　　　　　　　　　　　　　［最高裁Web］

　　部下に対する暴行罪で罰金の略式命令を受けた消防士が、分限免職処分を不服として争った事案の上告審。処分を取り消した原審に対し最高裁は、公務員として適格性を欠き、性格は矯正できず改善の余地なしとみることも不合理とはいえないと判示。暴行は消防職員の約半数に5年超繰り返されていた。報復を示唆する言動もあり、組織内に配置して適正な運営は困難とした。

適格性を欠き改善余地なし、性格矯正できず適正配置困難

 事案の概要

　　消防職員であった被上告人は、任命権者である長門市消防長から、地方公務員法28条1項3号等の規定に基づき分限免職処分を受けたのを不服として、その取消しを求めた。

　　被上告人は、平成6年4月に消防職員として上告人に採用され、同25年4月から小隊の分隊長を務めるなどし、同29年4月からは小隊長を務めていた。被上告人は、平成20年4月から同29年7月までの間、消防職員約70人のうち、部下等の立場にあった約30人に対し、おおむね一審（山口地判令3・4・14）別紙「パワハラ行為一覧表（時系列）」記載のとおりの約80件の本件各行為をした。

　　上告人の調査によれば、本件各行為の対象となった消防職員らのうち、被上告人が自宅待機から復帰した後の報復を懸念する者が16人、被上告人と同じ小隊に属することを拒否する者が17人に上った。

　　消防長は、長門市職員分限懲戒審査会における調査および審議を踏まえた上で、平成29年8月付けで、被上告人に対し、消防職員としての資質を欠き改善の余地がなく、本件各行為による上告人の消防組織全体への影響が大きいなどとして、本件処分をした。

　　被上告人は、平成30年1月、本件各行為の一部について、暴行罪により罰金20万円の略式命令を受けた。

　　一審は、本件処分を取り消し、控訴審（広島高判令3・9・30）も一審

判決を維持した。

判決のポイント

地方公務員法28条に基づく分限処分については、任命権者に一定の裁量権が認められるものの、その判断が合理性を持つものとして許容される限度を超えたものである場合には、裁量権の行使を誤った違法のものである…。…免職の場合…における判断については、特に厳密、慎重であることが要求される。

本件各行為は、5年を超えて繰り返され、約80件に上る…。その対象となった消防職員も、約30人と多数であるばかりか、上告人の消防職員全体の人数の半数近くを占める。そして、その内容は、現に刑事罰を科されたものを含む暴行、暴言、極めて卑わいな言動、プライバシーを侵害した上に相手を不安に陥れる言動等、多岐にわたる。

長期間にわたる悪質で社会常識を欠く一連の行為に表れた被上告人の粗野な性格につき、公務員である消防職員として要求される一般的な適格性を欠くとみることが不合理であるとはいえない。また、本件各行為の頻度等も考慮すると、上記性格を簡単に矯正する

ことはできず、指導の機会を設けるなどしても改善の余地がないとみることにも不合理な点は見当たらない。

さらに、本件各行為により上告人の消防組織の職場環境が悪化するといった影響は…看過し難いものであり、特に消防組織においては、職員間で緊密な意思疎通を図ることが、消防職員や住民の生命や身体の安全を確保するために重要であることにも鑑みれば、上記のような影響を重視することも合理的である…。そして、本件各行為の中には、被上告人の行為を上司等に報告する者への報復を示唆する発言等も含まれており、現に報復を懸念する消防職員が相当数に上ること等からしても、被上告人を消防組織内に配置しつつ、その組織としての適正な運営を確保することは困難である…。

免職の場合には特に厳密、慎重な判断が要求されることを考慮しても、…分限免職処分をした消防長の判断が合理性を持つものとして許容される限度を超えたものであるとはいえず、本件処分が裁量権の行使を誤った違法なものであるということはできない。

応用と見直し

❖ 破棄差戻しと破棄自判

　最高裁が控訴審判決を取り消す場合は、審理を控訴審に差し戻すのが通常である。最高裁は、法律審であり、事実に関する証拠調べは行わないから、さらに証拠調べが必要な場合は、控訴審に差し戻して審理させる。

　しかし、新たな証拠調べが必要ではなく、法律判断を変更することが相当であると最高裁が判断した場合に限って、控訴審判決を破棄し、最高裁が自判することになるから、それは比較的少ない。

　本件最判は、一審と控訴審がいずれも処分取消しという結論であったところ、両審の事実認定を前提とし、破棄自判して結論を変更した比較的珍しい例である。

❖ 本件最判と一審・控訴審の違い

　一審判決は、「一連のパワハラ行為は、単に原告個人の簡単に矯正することのできない持続性を有する素質、能力、性格等にのみ基因して継続されたものとはいい難く、原告に免職を相当とするほどの適格性の欠如があるとまでは認められない」と述べて、本件処分を取り消した。

　また、控訴審判決は、「被控訴人は、一応は反省の情を示し…、上司からの指導に従っているし…被控訴人にパワハラ行為の防止の動機付けをさせるような教育指導や研修等を、控訴人が具体的に行った事実はうかがわれない。…本件処分を行うに当たり被控訴人の改善可能性の有無、程度が十分に考慮されたか疑問なしとしない…。…被控訴人に対して更生の機会を与えることなく、分限処分のうち最も重い分限免職の措置をとることが相当であったのか、被控訴人以外の者によるパワハラ行為と処分の均衡が図れているのかについても疑問なしとしない。…本件処分のように被控訴人を分限免職処分とするのは重きに失する」と述べて、一審判決を維持した。

　しかし、本件最判は、「消防職員として要求される一般的な適格性を欠くとみることが不合理であるとはいえない」「上記性格を簡単に矯正…できず、指導の機会を設けるなどしても改善の余地がないとみることにも不合理な点は見当たらない」として、一審・控訴審の判断を覆した。

　裁判所は、懲戒解雇等の前に、注意や処分等を行って改善する機会を与えるべきであるということが少なくな

い。しかし、被上告人は、長期間にわたり、悪質で非常識な暴言・暴行等を繰り返したものであり、一審・控訴審の判断は相当ではないと思われる。

❖ 実務上の留意点

裁判所は、懲戒解雇・諭旨退職等企業から排除する処分の前に、懲戒処分等によって改善の機会を与えたことを重視する傾向が強い。従業員の問題行為が重大である場合は、口頭・文書注意や、けん責・減給・出勤停止等の懲戒処分など（状況に応じて選択する）を経て、最終的に企業から排除する処分をすることが望ましい。

MEMO

同業他社への引抜き計画に関与した３人を懲戒

－不動技研工業事件－ （長崎地判令４・11・16）

弁護士　渡部　邦昭

［労経速 2509 号３頁］

　競合会社を立ち上げる元従業員の引抜き計画に加担したのは職務専念義務に反するとして、懲戒処分を受けた３人が処分無効を訴えた。長崎地裁は、懲戒解雇や降格処分等を無効とした。服務規律違反には改善を求めると定めているが指導等していなかった。部下らへ転職を働きかけたとも認められない。会社が処分内容等を社内や取引先へ公表、説明したことは名誉毀損にあたるとした。

注意指導なく服務規律違反の解雇は無効

 事案の概要

　会社は、機械、プラント、船舶、自動車、土木建築の設計、製造および販売業務、コンピュータによるシステム・プログラム設計および保守業務等を業としている。従業員の数は３事業所で320名である。甲、乙、丙の３人（以下、甲ら）は、会社との間で期間の定めのない労働契約を締結して、いずれも10年以上働いている。

　会社の元従業員Ａは会社の現職従業員らを引き抜き、設立予定の新会社（競業業務を行う）へ転職させることを計画し、参加を働きかけていた。

　会社は、甲らがＡと共謀して服務規律違反および職務専念義務に違反して

会社に損害を与えたとして、甲につき懲戒解雇、乙につき降格処分（管理職１級から一般職５級）、丙につき論旨解雇とした。

　甲らは本件各処分の無効を主張し、地位確認・未払賃金の支払いおよび不法行為による損害賠償を請求した。なお、甲および乙に対しては予備的に普通解雇したと会社は主張している。

 判決のポイント

　Ａは、会社の現職従業員らを引き抜き、会社と競業する業務を行う新会社を設立し、新会社へ転職させることを計画していたと認められ、甲は上記計画が具体化する当初から、Ａから相談

を受け、随時、協議を重ねてきたということができるから、上記計画について、Aと通謀したと認められる。そして、等級面談の際に所属課員に対し、新会社への転職意向を確認したことは、同計画への参加への働きかけに当たると認められる。甲の行為は、就業規則119条24号（服務規律に違反する重大な行為があったとき）所定の懲戒事由に該当することが認められる。就業規則116条（懲戒の原則）は、服務規律違反について、1項で、適切な指導及び注意を行い、改善を求める旨規定し、2項で、1項にもかかわらず、改善が行われず、企業秩序維持のため必要があるときに、懲戒処分を行う旨規定するが、上記甲の行為について、本件懲戒解雇前に、会社が指導又は注意をした形跡は認められない。甲について、本件懲戒解雇をしたことは、…労働契約法15条により無効である。

丙はAの計画に関与したと認められるが、その関与の程度に照らして、Aと通謀したとは認められない。また、丙は、Aに新会社に引き連れていくことができそうな部下の名前を挙げたが、部下に対して実際に働きかけたことを認めるに足りる証拠はない。就労時間中にAと連絡し、引き連れていくことができそうな部下等の名前を挙げて、上記計画を助長したことは、就業規則（職務専念義務）に違反するものであるが、同行為の性質、態様に鑑み、重大な違反行為に該当するとはいえず、…本件論旨解雇は無効である。

会社は甲および丙の非違行為について、普通解雇を主張するが、…労働契約法16条により無効である。

乙の管理職1級の労働契約上の地位にあることの確認請求について…Aに新会社に引き連れて行くことができそうな部下の名前を挙げ、自身の参加については消極的な回答をしつつも、含みを持たせ、協力する旨伝え、これに沿い、メールアドレス一覧表を送信し、顧客情報開示の意向を伝えて、Aの上記計画を助長したことは、上記準備行為に当たり、就業規則…の職務専念義務等に違反したと認められる。

社員職群・等級規則…に準じる副部長の職責に照らし、部下…丙に対して、上記計画への関与をしないよう適切な注意又は指示…を怠った…から、懲戒事由（部下に対して、必要な指示、注意、指導を怠ったとき）に違反したと認められる。

乙は、丙に対して、適切な注意や指導をしていないが、同人も上記Aの計画について、必ずしも積極的姿勢を示していなかったことからすると、同懈

怠が与えた影響もさしたるものではない。乙に懲戒処分歴があることを考慮してもなお、…懲戒処分のうち最も重い降格処分をしたことは、…懲戒権を濫用したものと認められる。

会社が（全従業員が日々閲覧する会社内のグループウェア上に懲戒処分の内容、経緯等を記載した文書を）公表したことや、取引先への説明…は、甲らの社会的評価を低下させるものであり、名誉棄損に該当すると認められる。

 応用と見直し

本件は、競業避止義務違反または競業行為への加担等を理由としての懲戒処分等（懲戒解雇、論旨解雇、降格処分）が権利の濫用になるか（労働契約法15条、16条）が争われたものである。

競業避止義務とは、使用者（会社）と競合する業務を行わない義務をいう。労働者自らが競業事業を起こすことだけでなく、競業他社へ就職することも競業避止義務に違反する。この点についての法令上明文の規制はなく、解釈に委ねられているが、労働契約の存続中においては就業規則や労働契約上の特段の存否にかかわらず、信義則に基づいて労働者は会社に対して競業

避止義務を負うものと解されている。会社では就業規則上の服務規律（職務専念義務）に違反する行為として捉えられている。

他方、労働者が退職した後の競業避止義務の存否とその違反による法的責任については、退職した労働者の職業選択の自由（憲法22条1項）との関係で難しい論点が存在している。本件は、前者、即ち、在職中の労働者の競業避止義務違反の有無が問われたものである。

本判決の事実認定したところによると、甲については、等級面談での転職の意向確認のほか、部下への働きかけに当たる事実は認められておらず、同転職の意向確認についても、その際、虚偽や会社の体制等の批判を繰り返した事実は認められていない。そうすると、会社が懲戒処分の理由とした非違行為は限定的にしか認められていない。加えて、本件では、結果として従業員の引抜きや顧客の奪取などの事態は生じていない。また、主導的な立場にあったAは、本件懲戒処分等前に辞職しており、甲らはAの計画に関与したとはいえ、従属的な立場に留まっていることから、本判決は上記計画への関与の程度や現に生じた結果等の事情を考慮し、懲戒解雇等の重大な処分に

は相当しないと判断したものであり、労働契約法15条および16条の趣旨に照らして、合理的かつ相当であったと考えられる。最高裁も使用者の懲戒権の行使は、労働者の非違行為の性質、態様、結果および情状等に照らして客観的に合理的理由を欠き社会通念上相当として是認することができない場合、権利の濫用として無効になる（ダイハツ工業事件＝最二小判昭58・9・16）と判示している。労働市場においては転職が当たり前の状況になりつつあり、労使双方とも本判決を参考にして、法リスクに備える必要があるといえよう。

MEMO

懲戒処分

労働組合へ相談し情報漏えいしたと諭旨退職に

－日本クリーン事件－　（東京高判令4・11・16）

弁護士　牛嶋　勉　　　　　　　　　　　　　　　［労判1293号66頁］

　マンション清掃中のトラブルを社外労組へ相談した組合員に対し、顧客情報の漏えいを理由とした諭旨退職を無効とした事案の控訴審。組合HPで委託元の名称等が表示されていた。東京高裁は、重大な非違行為だが会社の社会的評価への影響は限定的等として処分は重きに失し無効とした。組合員は守秘義務に基づき企業名等を匿名化する注意義務を負っていたとしている。

守秘義務反する、懲戒処分相当だが諭旨退職は無効

 事案の概要

　控訴人（一審被告）は、建物管理業等を営む会社である。従業員である被控訴人（一審原告）は、清掃作業員の作業ミスに端を発したトラブルについて、所属する労働組合に相談したところ、組合がこのことを議案書に記載して定期大会で報告したうえ、組合のホームページに議案書を掲載した（本件掲載）。被控訴人は、職務上知り得た情報を外部に漏えいしたとして、控訴人から諭旨退職の懲戒処分を受け、退職届の提出を求められたがこれに応じなかったため、普通解雇されたことにつき、解雇は無効であると主張して、雇用契約上の地位確認等を求めた事案である。

　一審（東京地判令4・1・28）は、本件懲戒処分には懲戒事由があるが相当性を欠き、解雇は無効であると判断し地位確認等を認容したところ、控訴人会社が控訴した。

 判決のポイント

　本件掲載に係る懲戒事由は、本件掲載事項の本件議案書への掲載及び本件組合において議案書がホームページで公開されることがルーティンに行われていた実情を認識しており、…（入社・機密事項誓約書又は就業規則の守秘義務に基づく）注意義務を負っていることを認識し得たにもかかわらず、本件議案書の内容…が本件ホームページに掲載されることを阻止することなくこ

れを容認したこと、とするのが相当である。

　本件伝達行為とこれによって提供した情報を伝播させることになった本件議案書の作成及び本件掲載（本件非違行為）について、就業規則に定める懲戒事由に該当すると認められるから、次に、懲戒処分の相当性を検討する。…検討に当たっては、①当該行為の内容、性質、②行為の目的やそれが行われた経緯、③漏えいされた情報…の真実性、④当該行為による結果やその後の影響、⑤控訴人における情報管理の状況、⑥処分対象者の言動・態度と再発の可能性、⑦処分対象者の処分歴の有無とその内容等といった点を順次検討した上で、これらの事情を総合して、懲戒処分の相当性を判断する。

　被控訴人は、労働組合への相談は、正当な権利行使であると主張するが、労働問題の相談であるとしても、機密事項や個人情報に関する守秘義務が解除されるものではないので、情報を漏えいしたものとして、懲戒事由の該当性を否定することはできない。

　企業においては、従業員による情報漏えいがその社会的評価や信用に深刻な影響を与えるおそれがあることを考えれば、社内の機密事項や個人情報の守秘義務は、顧客のプライバシー領域に関わる建物管理業を営む控訴人の従業員に課せられた基本的な義務として位置づけられ、その漏えいは、重大な非違行為である。

　被控訴人の本件非違行為は、その性質上、重大な規律違反に当たるものの、当該行為の態様、目的とその経緯、発生した結果のほか、本件を取り巻く周辺事情や、被控訴人の反省の度合いと再発可能性、これまでの処分歴の有無といった一切の事情を総合して勘案したならば、被控訴人が懲戒処分の対象となること自体は免れないが、その量定に当たり、実質的に解雇に等しい諭旨退職を選択することは、重きに失していると言わざるを得ず、本件懲戒処分は相当性を欠いており、無効である。

 応用と見直し

❖守秘義務違反による懲戒処分

　古河鉱業足尾製作所高崎工場事件（東京高判昭55・2・18）は、労働者の守秘義務について、一般論として、「労働者は労働契約にもとづく附随的義務として、信義則上、使用者の利益をことさらに害するような行為を避けるべき責務を負うが、その一つとして使用者の業務上の秘密を洩らさな

懲戒処分

いとの義務を負う」と述べたうえで、次のように判示し、「工場三ケ年計画」を漏洩した２人の懲戒解雇を有効と判断した。「Ａらの本件計画漏洩行為が、…党員としての立場にもとづき、本件計画反対のための組合の態勢づくりの目的に出たことは前記認定のとおりである。…本件計画漏洩行為は…組合にも秘匿されたので、これが組合の承認にもとづくとはいえず、また組合がかような行為を組合活動として承認し、その責を負うべき筋合とは考えられない…。…Ａらの右行為は組合活動としても到底正当性を取得しない」、「Ａらの本件計画漏洩行為が政治活動にもあたるとしても…懲戒責任を免れることはない」。

日本リーバ事件（東京地判平14・12・20）は、機密情報の漏えい等を理由とする懲戒解雇の効力が争われた事案である。同判決は、「透明石鹸のサンプルの開発依頼、機密性が高い事項を議題とした会議の出席、同会議の資料の持ち出し、データの漏えい」は、就業規則に違反し、懲戒事由に該当すると判示したうえで、「透明石鹸のサンプルの開発依頼は、（以前被告に在籍していた）Ａとの商品開発にほかならず、…Ａが競合会社である日本Ｒ社に就職した後にも続けられていたこと

からすると、背信性は高い…。また、機密性が高い事項を議題とした…会議の出席、同会議の資料の持ち出し、データの漏えいは、…日本Ｒ社の実質的内定を得た後に自ら選択して行ったものであり…背信性は極めて高い」等と述べて、懲戒解雇を有効とした。

❖懲戒処分には相当性が求められる

国鉄中国支社事件（最一小判昭49・2・28）は、「懲戒権者は、どの処分を選択するかを決定するに当たっては、懲戒事由に該当すると認められる所為の外部に表われた態様のほか右所為の原因、動機、状況、結果等を考慮すべきことはもちろん、更に、当該職員のその前後における態度、懲戒処分等の処分歴、社会的環境、選択する処分が他の職員及び社会に与える影響等諸般の事情をも斟酌することができ…、これら諸事情を綜合考慮したうえで、上告人の企業秩序の維持確保という見地から考えて相当と判断した処分を選択すべき」として、懲戒処分に相当性を求めたうえ、「右の判断については懲戒権者の裁量が認められ…その裁量は…当該行為との対比において甚だしく均衡を失する等社会通念に照らして合理性を欠くものであってはなら

ないが、懲戒権者の処分選択が右のような限度をこえ…て違法性を有しないかぎり…懲戒権者の裁量の範囲内にある」と判示した。この最判の趣旨は、労働契約法 15 条（懲戒）に法文化されている。

❖ 実務上の留意点

企業の機密情報の漏えいは懲戒事由に該当する。懲戒処分には相当性が求められるから、その選択には十分な検討が必要である。

MEMO

懲戒処分

部長がパワハラ理由に譴責され処分無効求める

－Cホールディングス事件－（東京地判令5・1・30）

弁護士　石井　妙子　　　　　　　　　　　　［労経速2524号28頁］

　部下へのパワハラを理由に譴責処分された部長が、処分は無効と訴えた。東京地裁は、本人以外の者も宛先やCCに入れて叱責のメールを送信したとして、懲戒事由に該当すると判断。メールの内容は部下を感情的に叱責する印象を与えるものだったことは否定し難く、第三者に送信したことは業務上必要かつ相当な範囲を超え、就業規則で禁じる嫌がらせに当たるとしている。

第三者へメール送信は不要、
叱責の印象与えた"嫌がらせ"と認定

 事案の概要

　Xは本件懲戒処分当時、部長であったが、第三者を宛先に含めてメールで副主任Aを叱責する行為や正当な根拠のない指導や指示の変更、Bに対する叱責行為や、公私混同し私的領域に踏み込むような連絡（LINE）がパワハラに該当するとして、譴責処分を受けた。Xは、その後、社長室に配転する旨の命令を受けたことから、本件譴責処分は理由を欠くものとして無効であり、本件配転命令も無効である旨主張して、訴訟を提起した。

 判決のポイント

1　Aに対する行為

①　Xは、…アジア市場における広告代理店の選定に関し、Aが（株式会社）Cを選定することを前提に検討を進めていたことについて、アジア事業本部長及びAに対しCCに他2名を入れた上で、もともと打ち合わせた内容とは違うとして、「Aさんの言動にも目に余るものを感じております」などと記載した電子メールを送信している。当該文言は、Xの部下であったAの言動について客観的な事実を指摘することなく、感情的にAを叱責する印象を与えるもの

－ 146 －

で…、…業務上必要かつ相当な範囲を超えてＡを叱責するものであったというべきである。

　また、仮にＡの検討内容や経緯に何らかの問題があったとしても、Ａ以外の者を宛先やCCに入れて送信することが、業務上必要かつ相当であったとはいい難く、上司としての地位を利用し、Ａへの嫌がらせを行った行為に当たるものと認められ、懲戒事由に該当する。

② 　Ｘは、…（Ａが）…SNSの運営を担当していたＮに対し、…販促物の見積作成を依頼する電子メールを送信したことについて、Ｎは広告代理店ではないなどとして、Ａに対し、Ａ以外の者をCCに入れて、事前に報告するよう注意する旨の電子メールを送信している。これらの電子メールは、…いささか不適切であったとはいい得るものの、…文言が、業務上不必要かつ不相当とは断言し難く、懲戒事由に該当すると直ちに評価することはできない。

2　Ｂに対する行為

① 　Ｘは、…Ｂ及びその他１名の従業員と共に（イベントを実施するために）出張したところ、Ｂにおいて、店頭販売員に対する手数料の事前の支払や店頭への商品サンプルの手配がされていなかったことから、当該イベント当日の朝、少なくとも30分程度、宿泊していたホテルのロビーにおいて、Ｂを口頭で注意している。しかし、Ｘによる注意は、…その必要性を直ちには否定し難いことに加え、当該注意が継続した時間やＸの発言内容等については…客観的証拠が提出されておらず、…Ｘが不相当な発言をしたり不適切な言動をとったりした事実は認められない。

② 　Ｘは、（親密な関係にあった）Ｂとの関係が疎遠となった後、改善を図るべくLINEメッセージを送信している。しかし、もともとＢはＸと…業務上の事柄に限らず、私的な事柄も含めて、連絡を取り合っていたもので、…当該メッセージが直ちにＢの私的領域に踏み込むようなもので、…懲戒事由に該当すると評価することはできない。

③ 　Ｘは、出張からの帰国後、ＢがＸの指導態様について別の上司であったＥと面談したことや自らもＥから経緯を聴かれたことを受けて、Ｂに対し、…メッセージを送信し、ＢとＥとの面談内容について複数回にわたって聴き出そうとしている。Ｂと

Ｅの前記面談内容は、Ｘの指導態様についてのものであってＸに開示されるべきものではなく、Ｂの私的領域に含まれる事項であった…。Ｘが、…上司としての地位を利用して、Ｂの私的領域に踏み込むものであったということができる。…Ｂへの嫌がらせを行った行為…と認められ、…懲戒事由に該当する。

④　その後、Ｘは、「僕に対して距離を置いて発言してるうちは本心と思えないので信用できないです」などとのメッセージを送信しているが、…Ｂの私的領域に踏み込んだものと直ちにはいい難い。

3　まとめ

Ａへの前記①行為とＢへの③の行為は、いずれも懲戒事由に該当する。譴責処分に係る手続違反もなく、…無効であるとはいえない。

4　異動について

Ｘは、…海外事業部に勤務させるとの職種限定合意が成立していた旨主張する。しかし、…採用内定通知書には、…海外事業を担当する部署や職務に限定する旨は記載されていない。…就業規則においては、…異動を命ずることがある旨が定められている。これらの

事情も併せ考慮すると、海外事業を担当する部署や職務に限定することについて、ＸＹ間で合意が成立していたとは認め難い。また、Ｘが…パワハラとも評価し得る各行為を行ったことからも、…配転する業務上の必要性があり、…配転命令権の濫用となるような事情もなく、本件配転命令は有効である。

 応用と見直し

上司が叱責し、あるいは指示等を行う際には、労務遂行の適切さを期する目的において適切な言辞を選んでしなければならないのは当然の注意義務であるとした裁判例がある（大阪高判平25・10・9）。口頭の叱責・指示についての事案であるが、言葉に気を付ける必要があるのはメールであっても同様である。さらに、口頭の場合は、本件のホテルロビーでの叱責のように、客観的証拠（たとえば録音）がないと事実認定が困難なことがあるが、メールの場合は、被害者の手元に証拠となるべき当該メールが残ることから、注意・指導する側としては一層、慎重に言葉を選ぶ必要がある。

また、衆人環視の中での叱責についてはパワハラとされる傾向であるが、叱責のメールを送信する際に、宛先に

他の社員や上司等を入れるのも、その
メール版として、同様にパワハラとさ
れやすい態様であり、注意が必要であ
る（本件のほか、東京高判平 17・4・
20）。

　また、Bに対して、叱責に関して、
他の部長から事情を聞かれたのではな
いかとして、内容を聞き出そうとして
いる点、私的領域への踏み込みのほか、
加害者側が被害者や相談者に圧力を加
えようとする行為であり、ハラスメン
ト防止の企業の取組みを阻害し、企業
秩序を乱す行為として、もっと重く見
てよいものと思われる。

　ちなみに、配転命令については、職
務限定特約の有無が争われているが、
労基則5条の改正により、令和6年4
月1日からは、就業の場所および従事
すべき業務の変更の範囲についても明
示が必要となる点、留意が必要である。

MEMO

懲戒処分

退職申出後、機密情報を私的に保存したとクビ

－伊藤忠商事ほか1社事件－（東京地判令4・12・26）

弁護士　渡部　邦昭　　　　　　　　　　　　　　　　　［労経速2513号3頁］

退職直前に機密情報をクラウドにアップロードしたとして、懲戒解雇された商社マンが企業年金基金に退職金支払等を求めた。東京地裁は、情報漏えいもなく会社に金銭的損害は生じていないが、機密情報を不正に目的外に利用したとして懲戒解雇相当と判断。退職金不支給もやむを得ないとした。会社が情報を区分して管理しておらず、不正競争防止法には反しないとした。

金銭的損害、情報漏えいないが懲戒解雇有効

 事案の概要

　平成27年7月、総合職として会社に入社し、穀物関係の業務に従事していた甲は、令和2年2月13日、会社に対して3月末日付けで自主退職をする旨の意思表示をした。その後、転職が決まっていたA社へ移る直前の3月19日に、甲は、会社内のシステム上に保存されていた本件データファイル等をクラウドストレージサービスであるGoogle Driveの甲のアカウント領域にアップロードした。

　会社は、本件アップロード行為が機密保持違反等の懲戒事由に該当するとして、3月26日に甲を懲戒解雇することを決定し、その旨を本人に伝えた。

　これに対し、甲は、本件懲戒解雇は懲戒権および解雇権の濫用に当たり、労働契約法15条および16条に反し、違法かつ無効で、甲は、予定されていた退職日に自主退職したものであると主張して、退職をする旨の意思表示をした後に、会社から支給に関する説明を受けた変動給（夏季賞与）の按分支払分および遅延損害金の支払いと会社の企業年金基金である会社基金に対し退職金および遅延損害金の支払いを求めて訴えを提起した。

　本判決はおよそ以下のように判示して、懲戒解雇は有効であると判断して甲の請求を退けた。

1 不正競争防止法違反に当たるか

　社内システム内の甲の仮想デスクトップ領域に保存されていた、データファイル…のうち、（会社が有用性及び非公知性があると主張する）本件詳細主張ファイル群以外のものについては、有用性及び非公知性があったと認めるに足りる証拠はない。

　社内システム…に保存された情報にアクセスする場合、…社外からのアクセスが制限され…、所属部署ごとのアクセス権限が設定されるという、物理的ないし論理的な秘密管理措置がとられている。原告が本件デスクトップフォルダに保存していた情報のうち、大部分は一般情報であって、その中に、それと比較して相当に少量の有用性及び非公知性がある対象情報が含まれる状況にあった。

　社内システム…に保存されている情報に含まれている対象情報は、量的に大部分を占める一般情報に、いわば埋もれてしまっている…常態であり、…対象情報が秘密であって、…一般情報から合理的に区分されているということはできないから、本件データファイル等については秘密管理性を認めることはできない（法違反を否定）。

2 懲戒解雇に客観的合理的な理由があるか

　本件アップロード行為は、…後任者への引継ぎのためにしたものであると（甲は）主張するが、…本件データファイル等の大部分は引継ぎには必要のない情報であったと推認される…。そして、本件データファイル等が…転職先…において価値のある情報…とまではいえないことを踏まえても、本件アップロード行為は、甲自身又は会社以外の第三者のために退職後に利用することを目的としたものであったことを合理的に推認することができる。本件アップロード行為は、会社就業規則…において禁止される、職務上知り得た会社及び取引関係先の機密情報を「不正に目的外に利用する」行為及び会社の文書、帳簿…等を「不正に目的外に利用する」行為（や）「職務上の任務に背き、本人の利益を図」る行為に該当する…。

3 社会通念上の相当性

　退職が決まった従業員…による非違行為に対しては、退職金の不支給・減額が想定される懲戒解雇以外の懲戒

処分では十分な抑止力とならないから、事業者の利益を守り、社内秩序を維持する上では、退職が決まった従業員による情報の社外流出に関わる非違行為に対し、事業者に金銭的損害が生じていない場合であっても、比較的広く懲戒解雇をもって臨むことも許容される。甲が、会社を退職し、A社へ転職する直前の時期に行った本件アップロード行為に対し、会社に金銭的損害が生じたことを認めることができず、また、甲に会社での懲戒処分歴と非違行為歴がないことを考慮しても、…本件懲戒解雇は社会通念上相当なものと認めることができ、権利濫用には当たらない。

 応用と見直し

(1) 本件アップロード行為について、不正競争防止法違反としての責任を問うためには、①有用性、②非公知性、③秘密管理性の3要件を充足する必要があるが、判決は、①および②について認定できるとしたものの、③は、「対象情報が一般情報から合理的に区分されていない」として否定し、本件アップロード行為については、不正競争防止法違反を問うことはできないとした。

(2) しかしながら、本件アップロード行為は就業規則において禁止されている、職務上知り得た機密情報を不正に目的外に利用する行為等の懲戒事由に該当すると認めた。すなわち、民法709条は不法行為を定めているが、そこでの被侵害利益は必ずしも法律上の権利としての地位が確立しているものに限らず、「法律上保護される利益」が侵害された場合も含まれる。

甲がアップロードした対象情報は、会社に帰属している企業機密情報であり、「法律上保護される利益」に該当するものである。甲がこれを職務上の地位を利用して、アップロードした行為は、従業員としての誠実義務に違反する不正なものであり、「悪意」が認められる。従って、懲戒事由に該当することは優に認められるところ、問題は懲戒解雇の相当性にあった。

(3) 甲は、令和2年2月13日に、「3月末で退職する」旨の申出をしており、退職直前の3月19日に本件アップロード行為を行い、同日に発覚し、私的利用目的が確認され、悪質性が高いと判断されたものである。

(4) 旭化成ファーマ事件（東京地判平22・4・28）は、退職した元従業

員が営業秘密を不正に取得したことに対し、会社の元従業員に対する退職金の返還を認容している。

本判決が甲に対する懲戒解雇を有効とした理由の１つとして、本件アップロード行為は悪質であって、事後的な救済は実効性に欠けるという非違行為の特殊性を前提にして、会社の利益を守り、社内秩序を維持する必要性が挙げられている。本件アップロード行為により、会社に金銭的損害が生じておらず、懲戒処分歴や非違行為歴がないことを考慮しても、退職金の不支給を伴う懲戒解雇は権利の濫用に当たらないとしたものである。

転職が当たり前の時代において、本判決は、企業防衛の重要性を再認識させるものといえよう。

懲戒処分

MEMO

酒気帯び運転し免職、退職金3割支給の原審は

－退職手当支給制限処分取消請求事件－（最三小判令5・6・27）

弁護士　中町　誠　　　　　　　　　　　　　　　　　　　　［最高裁Web］

　マイカーの酒気帯び運転で懲戒免職された公立教員が退職手当の支給を求めた上告審で、最高裁は3割の支給を命じた原審を変更して全額不支給を認めた。退職手当を勤続報償的な性格が中心と認定。賃金の後払的な性格も含まれ、約30年間懲戒歴がないことを考慮しても、教委が飲酒運転の処分は厳格に対応すると注意喚起していたことから不支給に裁量の逸脱はないとした。

厳罰化を注意喚起、勤続報償中心で不支給認容

 事案の概要

　本件は、上告人の公立学校教員であった被上告人が、酒気帯び運転を理由とする懲戒免職処分を受けたことに伴い、職員の退職手当に関する条例により、退職手当管理機関である宮城県教育委員会から、一般の退職手当等の全部を支給しないこととする処分（以下「本件処分」という）を受けたため、上告人を相手に、上記各処分の取消しを求める事案である。原審（仙台高判令4・5・26）は、被上告人の退職手当等の3割に相当する額を支給しないこととした部分は、県教委の裁量権の範囲を逸脱した違法なものであると判断した。

 判決のポイント

(1)　本件条例の規定により支給される一般の退職手当等は、勤続報償的な性格を中心としつつ、給与の後払的な性格や生活保障的な性格も有するものと解される。そして、本件規定は、個々の事案ごとに、退職者の功績の度合いや非違行為の内容及び程度等に関する諸般の事情を総合的に勘案し、給与の後払的な性格や生活保障的な性格を踏まえても、当該退職者の勤続の功を抹消し又は減殺するに足りる事情があったと評価することができる場合に、退職手当支給制限処分をすることができる旨を規定したものと解される。

(2)　このような退職手当支給制限処分

に係る判断については、平素から職員の職務等の実情に精通している者の裁量に委ねるのでなければ、適切な結果を期待することができない。裁判所が退職手当支給制限処分の適否を審査するに当たっては、退職手当管理機関と同一の立場に立って、処分をすべきであったかどうか又はどの程度支給しないこととすべきであったかについて判断し、その結果と実際にされた処分とを比較してその軽重を論ずべきではなく、退職手当支給制限処分が退職手当管理機関の裁量権の行使としてされたことを前提とした上で、当該処分に係る判断が社会観念上著しく妥当を欠いて裁量権の範囲を逸脱し、又はこれを濫用したと認められる場合に違法…と判断すべきである。

また…本件規定からは、一般の退職手当等の全部を支給しないこととする場合を含め、退職手当支給制限処分をする場合を例外的なものに限定する趣旨を読み取ることはできない。

(3) 以上を踏まえて、本件全部支給制限処分の適否について検討すると、前記事実関係等によれば、被上告人は、自家用車で酒席に赴き、長時間にわたって相当量の飲酒をした直後

に、同自家用車を運転して帰宅しようとしたものである。現に、被上告人が、運転開始から間もなく、過失により走行中の車両と衝突するという本件事故を起こしていることからも、本件非違行為の態様は重大な危険を伴う悪質なものであるといわざるを得ない。

しかも、被上告人は、公立学校の教諭の立場にありながら、酒気帯び運転という犯罪行為に及んだものであり、…本件非違行為は、公立学校に係る公務に対する信頼やその遂行に重大な影響や支障を及ぼすものであったといえる。さらに、県教委が、本件非違行為の前年、教職員による飲酒運転が相次いでいたことを受けて、複数回にわたり服務規律の確保を求める旨の通知等を発出するなどし、飲酒運転に対する懲戒処分につきより厳格に対応するなどといった注意喚起をしていたとの事情は、非違行為の抑止を図るなどの観点からも軽視し難い。

以上によれば、本件全部支給制限処分に係る県教委の判断は、被上告人が管理職ではなく、本件懲戒免職処分を除き懲戒処分歴がないこと、約30年間にわたって誠実に勤務してきており、反省の情を示している

懲戒処分

こと等を勘案しても、社会観念上著しく妥当を欠いて裁量権の範囲を逸脱し、又はこれを濫用したものとはいえない（上告人の敗訴部分を取消、被上告人の請求を棄却）。

 応用と見直し

　本件は、最高裁が教育公務員が酒気帯び運転をして物損事故を起こした事案について、退職手当の全額不支給を是認した判決である。懲戒処分に伴う退職金の不支給・減額について、最高裁として初めて判断枠組みを示したものであり、民間の同種事案についても、影響を与える可能性がある。本判決の最大の眼目は、退職金支給制限の判断について支給者側に大幅な裁量権を認めた点である（判決のポイント(2)）。

　一方民間のこれまでの裁判例は当該非違行為が「永年の勤続の功を抹消するほどの重大な非違行為」に該当する限り退職金の不支給等が肯定されるとするかなり厳格な解釈をするのが一般的であった。これは、退職金の賃金後払い的性格を重視した判断である。しかし、本判決は、退職理由と勤続年数に応じて支給率が決定される公務員の退職手当について「勤続報償的な性格」が「中心」と解釈し、不支給規定から

は支給制限処分を例外的なものに限定する趣旨は読み取れないと断ずる。これまで勤続年数と連動する退職金制度は「賃金の後払い」の有力な根拠とされていた（たとえば小田急電鉄事件＝東京高判平15・12・11はこの点を指摘する）が、本判決はそれを重視せず「勤続報償的」な要素が「中心」とした点（勤続報償であれば不支給・減額の裁量の幅は必然的に大きくなる）は注目すべきであろう。不支給・減額の判断枠組みを挙げる部分（「判決のポイント」(1)参照）も、民間事例の裁判例で主流であった「永年の勤続の功を抹消するほどの重大な非違行為」かどうかといった限定的な判断基準は採用しておらず、（規定に即して）諸般の事情を総合的に勘案するという緩やかな判断枠組みとなっている。実は以上のような本判決の見解を民間事例に応用したような先行裁判例がある。それはみずほ銀行事件（東京高判令3・2・24）であり、同判決は、勤続の功と非違行為の重大性を比較較量する手法は、それ自体非常に困難であり判断基準として不適当とする。そして、懲戒処分のうち懲戒解雇の処分を受けた者については、原則として、退職金を不支給とすることができるが、懲戒解雇事由の具体的な内容や、労働者の

雇用企業への貢献の度合いを考慮して退職金の全部または一部の不支給が信義誠実の原則に照らして許されないと評価される場合には、当該不支給は裁量権の濫用となり、許されないとする。もちろん民間の退職金制度はさまざまであり一括りにはできないが、少なくとも公務員の退職手当と類似の内容を持つ退職金制度の場合は上記みずほ銀行判決のような判断枠組みが今後有力になる可能性がある。

MEMO

外資系金融の部長解雇、高報酬で地位不安定!?

―バークレイズ証券事件―（東京地判令3・12・13）

弁護士　岡芹　健夫

［労経速2478号3頁］

外資系金融機関の部長が、専任のポジションの廃止に伴う退職勧奨を拒否して解雇されたため、地位確認等を求めた。会社は、外資系金融機関における雇用慣行により、整理解雇の4要素に基づく判断をすべきでないと主張したが、東京地裁は、上記4要素に基づく判断を行い、整理解雇を無効とした。職位廃止と解雇の必要性は別次元の問題で、人員削減の必要性を否定した。地位や職種限定の合意は認められず、降格や賃金減額など解雇回避努力も怠った。

人員削減する必要性認めず整理解雇無効、解雇回避努力も怠る

 事案の概要

Y社は世界的な金融グループに属する株式会社である。Xは、A社に雇用され、A社よりY社への営業譲渡に伴い、平成18年5月1日、Y社との間で期間の定めのない労働契約を締結し、平成30年6月14日をもって解雇（以下「本件解雇」）された者である。

Y社の従業員の職位は、上から順に、マネージング・ディレクター（以下「MD」）、ディレクター等の5段階に分類される。

Xは、A社において、職位としてはディレクター、役職としてはMTN部長として勤務していたところ、職位および役職はそのままY社に引き継が

れ、平成24年1月、MDに昇進し、平成25年7月以降は、MTN部長に加えて、シンジケーション部長を兼任した。平成26年1月、上記2部門を統括する形で、シンジケーション本部が設けられ、平成28年7月、Xは同本部部長に就任した。

平成29年10月頃、Y社のシンジケーション本部におけるMDのポジションが廃止されることが決まり、同年11月頃、XはY社より、MDとしての現在のポジションを維持するのは困難として、退職を促された。

平成30年2月1日、XはY社から、特別退職金2700万円超、有給休暇買取対価480万円超等を条件とする退職勧奨を受けたが、退職しない旨を伝

えた。Xは、同年3月23日、同月27日、Y社より、特別退職金を増額する退職条件を提示されたが、これを受け入れず、同年5月、Y社に対し、新たな退職条件の提示があれば鋭意検討すること、退職条件に同意できない場合には勤務を継続することなどを伝えたところ、同月15日に本件解雇がなされた。なお、Y社は、降格や賃金の減額を検討したことはなく、Xにこれらを提示したこともなかった。

 判決のポイント

ア　就業規則38条1項4号は、労働者に何らかの帰責事由があることを理由とせず、経営上必要とされる人員削減を理由として行われる解雇の事由を規定したものであり、いわゆる整理解雇の解雇事由を定めたものということができる。そうすると、同号に基づく解雇の有効性を判断するに当たっては、人員削減の必要性、解雇回避努力、人選の合理性、手続の相当性といった諸要素を総合的に考慮した上で、本件解雇が同号所定の事由に該当し、客観的に合理的な理由があり、社会通念上相当であると認められるか否か（労働契約法16条）を判断するのが相当である。

Y社は、外資系金融機関における雇用慣行に照らせば、本件解雇については上記諸要素に沿って判断すべきではないと主張するが、本件解雇の有効性の判断において、雇用慣行等を背景としたX・Y社間の労働契約の内容を踏まえるべきことと上記諸要素を考慮すべきことは何ら矛盾するものではな…い…。

イ　シンジケーション本部における専任のMDのポジションを廃止するか否かは、基本的にY社の経営判断が尊重されるべき事柄であるということができるものの、そのことと、当該ポジションに充てられていたXを解雇するまでの必要があったか否かとは、次元の異なる問題である…。①Y社グループは、平成26年以降、赤字に陥る年度がある一方で、大幅な黒字を計上する年度もあり、本件解雇当時、業績が悪化していたとは評価し難いこと、②Y社は、平成29年度に過去最高益を計上していたこと、③シンジケーション部門は、Y社グループ全体でみると、平成26年から…28年にかけて収益を拡大していたこと、④シンジケーション部門は、平成25年以降、大きく収益が低下したものの、…27年以降は収益を増加させ、本件解雇後も

事業規模を縮小することなく存続しており、現在では本件解雇当時を上回る収益を上げていることなどの諸事情に照らせば、本件解雇を正当化するに足りるだけの人員削減の必要性…があったとまでは認め難い。

ウ　Y社は、本件解雇に当たって、Xに対する降格や賃金の減額を検討していない。…Y社は、地位と職種を特定して従業員の採用を行っており、原則として…一方的な配転は行わない旨…を述べる。しかしながら、Xは、…職位としてはディレクター、役職としてはMTN部長としてA社に採用され、当初からシンジケーション本部のMDとして採用されたものではない。また、本件においてX・Y社間の労働契約書等は提出されておらず…労働契約において、Xが従事すべき職務内容を限定する旨の合意があったと認めるに足りる証拠はない。さらに、…Y社の就業規則においては、MDであるか否かを問わず、社員に対し、業務の都合により、会社が一方的に就業場所、職務もしくは職務上の地位の変更を命ずることがある旨が規定されている…。さらに、シンジケーション部門の人員構成の合理化を図る手段としては、シンジケーション本部に配属

されていた他の従業員に対し、希望退職を募ったり、配置転換を命じたりする方法も考えられるところ、本件解雇に当たって、これらの措置が検討された形跡はうかがわれず、対象者選択に関する客観的かつ合理的な基準が定められたとは認め難い。

応用と見直し

本件は、外資系金融機関の上級管理職という、通常のわが国の雇用とはやや離れた状況にある者の経営上の理由による解雇が問題になった事案である。本件のような雇用事例においては、その高報酬は地位の不安定さも含めた対価と理解されがちであり、本件における外資系金融機関における雇用慣行に関するY社の主張（「判決のポイント」ア参照）も理解できなくはない。しかし、現在の労働法では、少なくとも成文法でも裁判法理でも、通常の事例と本件のような特殊な事例とで適用される法理を異にする根拠はなく、本件判決の説示するように、解雇の有効性の判断においては、雇用慣行等を背景とした労働契約の内容を踏まえつつ、上記諸要素を考慮するより他にないのが実情であろう。そのうえで、本件でY社に不利に働いたのが、X・Y

社間における地位・職種限定の合意が立証できなかったことがある（「判決のポイント」ウ参照）。やはり、本件のようなやや特殊な雇用事例においては、それに適用されるような労働契約の特約、就業規則上の特則の準備が必要と解される。ただ、本件判決は、Xに対する降格、賃金減額については、むしろ、その検討を進めるべきであったと説示しているとも解し得る部分があり（「判決のポイント」ウ冒頭参照）、その部分において、外資系金融機関における雇用慣行を考慮する余地があると解していたのではないか、とも思われる。

MEMO

解雇

勤務不良の改善困難、障害者を採用半年で解雇

－スミヨシ事件－ （大阪地判令4・4・12）

弁護士　岩本　充史 　　　　　　　　　　　［労判1278号31頁］

　障害等級1級の障害者を採用した鉄道車両の設計工事会社が、約半年後に能力不足や協調性がなく改善の見込みもないなどとして普通解雇した事案。大阪地裁は、解雇通知書の解雇理由はいずれも該当せず地位確認請求を認めた。派遣社員との関係が悪化した原因は双方にあり、言動を複数回注意指導していたが解雇の可能性を指摘して改善を求めてもいなかった。

一方的な責任否定、協調性欠くと評価できず解雇無効

 事案の概要

　本件は、Yの従業員であったXが、Yから解雇されたことにつき、当該解雇は解雇権の濫用に当たり無効であるとして、Yに対し、雇用契約上の権利を有する地位にあることの確認、未払賃金等の支払いを求めた事案である。

　Yは、鉄道車両および船舶の製造、補修並びに設計等を目的とする株式会社である。

　Xは、平成9年頃に頭部外傷後遺症であるてんかんを発症し、以後、3カ月に1回程度通院していて、障害等級1級（日常生活の用を弁ずることを不能ならしめる程度のもの）の認定を受け、また、Xは、以前に遭った交通事故での受傷により、右の骨盤に8本の

ボルトを入れており、足を思うように動かしにくい状態にあった。

　Xは、平成30年10月3日、Yもブースを出していた障害者を対象とする就職説明会に参加した。Yは、同説明会に先立って求人票を作成しており、その求人条件特記事項欄には、「職務遂行の可否の参考とするため、可能な範囲で障害の状況や配慮事項を応募書類に簡潔に記載してください」と記載されていた。Xは、同説明会においてYの説明を聞き、電車が好きだったことなどから、事前に作成していた職務経歴書を提出し、Yの求人に応募した。同職務経歴書には、Xが平成9年にてんかんを発病したこと、その後3カ月に1回程度通院していて安定していること、骨盤にボルトが入っており、重

すぎる荷物を長い間持つなどは少し難しい面があること、などが記載されていた。

その後、Xは、Yでの面接を受けたうえで、11月1日、Yとの間で、期間の定めのない雇用契約を締結し、本件事業所での勤務を開始した。Xは、遅くともXが本件事業所での勤務を始めるまでに、Yに対し、夜にてんかんの発作が出たことはあるが、昼間はほとんど出ないこと、骨盤にボルトが入っているため、10キログラム以上の物を持ち続けるのは難しい面があることを伝えていた。

Yは、令和元年6月20日、Xに対し、6月30日限りで解雇する旨の意思表示をした。解雇理由は、①協調性がなく、注意および指導しても改善の見込みがないと認められるとき、②職務の遂行に必要な能力を欠き、かつ、他の職務に転換させることができないとき、③勤務意欲が低く、これに伴い、勤務成績、勤務態度その他の業務能率全般が不良で業務に適さないと認められるときというものであった。

本判決は、本件解雇を無効と判断し、Xの請求を一部認容した。Yが解雇理由とした上記①～③について、Xは、いずれにも該当しないとして解雇を無効と判断したが、そのうち、協調性の

欠如を理由とした部分の判示を紹介する。

 判決のポイント

Yは、①Xが他の従業員を萎縮させる言動をしたこと、②XがI（派遣社員）を見下す態度を取っていたこと、③XがIに対して危険な行動を取ったこと、④Yが指導を尽くしていたこと、⑤Xが、断熱職場の他の作業員ともコミュニケーションを取れていないこと、⑥Xが令和元年6月3日の事業所所長との面談後も態度を改めなかったこと、⑦Xを雇用し続けると、Yの業務に支障が生じる可能性があったことなどからすると、原告に…協調性がなく、注意及び指導しても改善の見込みがないと認められるときに該当する事由があると主張する。

①X（の言動）がIその他…の従業員を萎縮させる意図で行われたものであると認めることは…できない、②その原因はXだけでなく、Iにもあったものであり、…Xが、…Iとの関係改善に努力していたことが伺われる…、③Xの行動が、（Iの）転落の危険を現実に生じさせる程度のもの…と認めることはできない。Xは…Iに謝罪しており、…関係改善の努力をしている

解雇

ことが伺われる…、⑤Xは、…業務上必要なコミュニケーションは取っていたものと推認される、⑥６月３日以降本件解雇に至るまでのわずか３週間にIと円滑なコミュニケーションを取ることができなかったとしても、それまで長期間にわたってIとの関係を悪化させ、異動まで希望するに至っていたことからすると、やむを得ない…、⑦コミュニケーションの状況が…職場の業務に具体的な支障を及ぼすものであったと認めることはできない。

④その間（６月３日より前）の指導は、XがIを嫌悪し、Iとコミュニケーションを取ることができていないことについて、関係悪化の原因が互いにあること、XとしてもIの言動の趣旨を理解する必要があること、…XとIとの関係が悪化し、コミュニケーションを取らない状況が継続した場合の影響等を伝えつつ、Xに対し、Iその他断熱職場の作業員に対して積極的にコミュニケーションを取るよう求めるにとどまり、Xに協調性が欠けていることやその程度が解雇理由に当たる程度のものであることを指摘して改善を求めたものと認めるに足りる証拠はない。…Xは、I以外との作業員との間では一定のコミュニケーションを取っていたものと認められることにも照ら

すと、…（同僚らは）…６月３日より前の時点では、Xに解雇理由に当たるほどの協調性が欠如しているものと認識してはいなかった…。

Y主張のXの各言動は、Xに業務上求められる協調性が欠如していることを示すものと評価…できない。

 応用と見直し

就業規則において、労働者に協調性が欠ける場合を解雇理由として定めている会社は数多く存在する。協調性とは性格や意見の異なった者同士が互いに譲り合って調和を図ることをいうが、多数の従業員を一定の事業目的のために集団的・組織的に労働に従事させるためには、労働者に協調性を求めることは合理的なものであると解される。それにもかかわらず、労働者が使用者の指示に従わず、独善的な行動を繰り返し、業務に重大な支障を及ぼすがごとき行動を行う場合には、協調性を欠くものとして解雇も有効と判断されている（メルセデス・ベンツ・ファイナンス事件＝東京地判平26・12・9等）。

しかし、当該労働者にのみ一方的に原因がある言動なのか、使用者が通り一遍の指導ではなく、適切な指導を

行ったのか等という点が訴訟では厳しく判断される。本判決もYが「Xに協調性が欠けていることやその程度が解雇理由に当たる程度のものであることを指摘して改善を求めた」形跡がないとして解雇無効の1つの理由とされていることは部下を指導する者の指導内容を見直すうえで参考となると考える。

MEMO

コロナ禍で売上げ激減、全員解雇して会社解散

－龍生自動車事件－（東京高判令4・5・26）

弁護士　岩本　充史　　　　　　　　　　　　［労判1284号71頁］

　コロナ禍で売上げが激減したため解散したタクシー会社の乗務員が、解雇無効と訴えた。請求を退けた一審に続き、東京高裁は、解雇に先立って、急激な経営状況の悪化について労働者へ情報提供することは困難だったとして、解雇が手続的配慮を著しく欠くとはいえないと判断。団体交渉を行い解雇理由の説明や資料提供は行われ、低額でも金銭を給付したことを考慮した。

団交行い資料提供、手続的配慮欠くとはいえず解雇有効

 事案の概要

　本件は、Y（一審被告、被控訴人）と労働契約を締結したX（一審原告、控訴人）が、Yから解雇されたことについて、Yに対し、当該解雇が無効であると主張して、労働契約上の権利を有する地位にあることの確認、Yによる違法な解雇および本件訴訟における不誠実な態度が不法行為を構成すると主張して、Yに対し、賃金や慰謝料等の支払いを求めた事案である。

　Xは、Yと労働契約を締結し、平成14年11月1日以降、タクシー乗務員として勤務してきた。

　Yは、タクシー事業等を業とする株式会社であり、令和2年5月19日当時の従業員数は34人（タクシー部門30人、事務部門4人）、保有車両台数は23台であった。

　Yは、Xを含めた全ての従業員に対し、令和2年4月15日、近年の売上げ低下および新型コロナウイルス感染症拡大に伴うさらなる売上げの激減により事業の継続が不可能な事態に至ったとして、同年5月20日をもって解雇するとの意思表示をした。Yの就業規則には、「やむを得ない事由のため、事業の継続が不可能になったとき」には解雇する旨の定めがある。

　Yは、本件解雇予告期間中、事業譲渡に向けて候補企業と交渉したが、令和2年5月14日、成就しないことが確定した。

　Yは、清算事務に従事することとなる従業員1人を除く全従業員に対

し、退職合意を申し出た。これを受け、33人中、31人は申出に応じ、5月20日付で合意退職し、特別退職慰労金を受け取った。

Xは、本件解雇が無効として、上記のとおり訴えを提起した。一審（東京地判令3・10・28）はXの請求を棄却し、Xが控訴したが、本判決はXの控訴を棄却した。

 判決のポイント

Yは、同年4月15日の時点において、同年5月20日より後はYが主体となるタクシー事業の継続は不可能であると判断し、同日をもってその全部を廃止してYは遅滞なく解散すること（同日前に事業の譲渡が決定したときは、その譲渡後、遅滞なく解散すること）を決定していたところ、同月14日、事業譲渡が不可能であることが確定したことから、同月20日に事業を廃止して同年6月2日に臨時株主総会を開催して同日付けで解散することを具体的に決定した。

解散に伴って解雇がされた場合に、当該解雇が解雇権の濫用に当たるか否かを判断する際には、いわゆる整理解雇法理により判断するのは相当でない。もっとも、①手続的配慮を著しく

欠いたまま解雇が行われたものと評価される場合や、②解雇の原因となった解散が仮装されたもの、又は既存の従業員を排除するなど不当な目的でなされたものと評価される場合は、…解雇権を濫用したものとして無効になるというべきである。本件解雇の原因であるYの解散は、…令和2年4月7日の緊急事態宣言発出に伴う営業収入の急激な減少を契機としてなされたものであり、…宣言発出後間もない時期に、事業継続が不可能であると判断するに至っていることからすれば、…急激な経営状況の悪化について情報提供をすることはそもそも困難であった…。他方、Yと過半数組合との協議の状況は、かねてY事務所内の過半数組合の掲示板に掲示されるという方法で周知が図られており、過半数組合の組合員ではないXも、その内容を知り得る状況にあったと認められるのであり、…急激な経営状況の悪化が起こる前に、X又はX所属組合に対し、直接、Yの経営状況が厳しい旨の情報提供がされたとしても、Xの転職のための活動等に有意な差が生じたとは考え難いから、かかる情報提供がされていなかったことをもって本件解雇が手続的配慮を著しく欠いたまま行われたということはできない。

解雇

また、…Ｙは、本件解雇予告期間中、過半数組合及びＸ所属組合と団体交渉を行い、具体的な数値を記載した団交時説明資料や解散等説明文書を示して解雇予告に至った理由を説明し、両組合からの説明資料の提供依頼や過半数組合からの質問事項や要求事項にも回答し、解雇の効力発生日にも団体交渉を行っている。加えて、…Ｙは、解雇予告後ではあるものの、団体交渉を行って…、低額ではあるものの金銭的な給付をし又は給付を申し出ているなど、急激に経営状況が悪化する中において可能な範囲で手続的な配慮をしたということができる（本件解雇は有効、その他不法行為を構成しない）。

 応用と見直し

使用者には営業の自由（憲法22条1項）があり、会社を継続させて事業を行うか、あるいは会社を解散し、事業を廃止するかを決定することができ、株主総会の特別決議（会社法309条2項）により解散をすることができる。解散をする場合には結局、全労働者が解雇の対象となるが、解雇権濫用法理（労働契約法16条）の適用があることはいうまでもない。もっとも、整理解雇のごとく会社の存続を前提と

する解雇において形成されてきたいわゆる整理解雇の4要件（要素）といった厳しい要件を課すことは相当ではない。この点、本判決は、いわゆる偽装解散の場合や解雇手続きを会社解散における解雇の考慮要素とした判断は妥当であると考える。

そして、本件解雇の手続面であるが、本判決は、経営状況の悪化について情報提供を適宜行うことが望ましいとしつつ、①コロナによる急激な経営状況の悪化について情報提供を行うことはそもそも困難であったこと、②解雇予告後とはいえ団交を行い具体的な情報を提供するとともに、低額ではあるが、金銭的な給付を申し出ており、急激に経営状況が悪化する中において可能な範囲で手続的な配慮をしたこと、③（令和2年4月15日の時点で）合意退職の機会を付与しなかったことについては、賃金、休業手当等の全部または一部の支払いが困難になることが想定される状況にＹがあったのであり、合意退職の機会を付与することが従業員の利益になることが期待される状況になく、Ｙが解雇予告を一律に選択しなかったことはやむを得なかったとした。この点、ネオユニット事件（札幌高判令3・4・28）は合意退職に応じてもらえるよう調整すべきであった

にもかかわらず、これをしなかったとして解雇を無効と判断していることを踏まえれば、会社解散を理由とする解雇を行う場合でも可能な限り、会社解散に至る経緯の説明、合意退職が選択できるか否か、解雇を行う場合でも金銭的給付ができないかを検討することが求められているといえよう。

MEMO

60歳から嘱託と合意したが懲戒理由に取り消す

―ヤマサン食品工業事件―（富山地判令4・7・20）

弁護士　緒方　彰人　　　　　　　　　　　　　　　［労判1273号5頁］

> 定年後の労働条件を合意した後に懲戒処分を受けた従業員が、再雇用を拒否されたため地位確認を求めた。富山地裁は、高年法の指針に基づき継続雇用しないことができる解雇事由に該当せず、再雇用の期待は合理的と判断。懲戒事由を理由とした不法行為の成立は否定した。合意の内容で契約が成立し、年金の支給が開始される64歳までの更新期待は極めて高いとしている。

解雇事由当たらず、定年後再雇用の期待認める

 事案の概要

Y社の社員Xは、令和2年7月20日に60歳定年に達することから、同年2月20日、Yと定年退職の翌日を始期とする嘱託雇用契約の条件を合意したうえで、合意締結時から定年に達する日までの間に、「a就業規則の定めに抵触した場合、b健康上の問題により本件合意の内容では就業が困難であると認められる場合、cその他本件合意を見直すべき特段の事情が生じた場合」のいずれかの事情が生じた場合には、本件合意を破棄し、再雇用の可否および再雇用する場合には労働条件を再検討する旨の書面に署名押印した（ただし、aにつき合意したかは争いがある）。

Yは、Xがコロナ対策として「自宅待機」を命じられていたのに、2日にわたり私用外出し、関連会社が生成し、従業員へ無償提供していた除菌水の大量持ち帰りは遠慮するようにとされていたにもかかわらず、合計80リットルを持ち帰ったことについて業務命令違反があったとしてXを譴責処分とし、懲戒処分を理由に、始期付き嘱託雇用契約を解除した。Xは当該解除は、客観的に合理的な理由および相当性に欠け、権利の濫用に当たり無効であると主張して、地位確認、嘱託雇用契約に基づく判決確定までの賃金および不法行為に基づく損害賠償請求（慰謝料200万円等）の支払いを求めて提訴した。

判決のポイント

1 本件合意解除の効力

「高年齢者雇用確保措置の実施及び運用に関する指針」の内容をも踏まえると、…就業規則に定める解雇事由又は退職事由（年齢に係るものを除く）に該当する場合に限り、例外的に継続雇用しないことができるが、労使協定又は就業規則において、これと異なる基準を設けることは、…高年法の趣旨を没却するものとして、許されない。Yにおける継続雇用制度は、…解雇事由又は退職事由に該当する事由がない限り再雇用し、基準年齢に達した後は、労使協定に定める基準を満たす者に限って65歳まで再雇用する旨定めるものと解釈すべきである。

Xが、面談において概ね事実を認めて反省の弁を述べ、始末書を提出し…、その後同様の行為に及んだとも認められないこと、…譴責処分にとどめていること、除菌水の持ち帰りについては、一定量を上限とするような明確な基準まではなかった上、Xが一応事前に話を通していたこと等を踏まえると、…職場の秩序を乱したとか情状が悪質であるなどの就業規則に定める解雇事由に相当するほどの事情…とはいえない。

Xが、勤務時間中に他の従業員に対し、Yの備品等を用いてYの業務ではない作業をするように依頼した…点は、合意の解除の通知後に…判明した事情であり、解除に当たって考慮要素となったとはいえないし、…解雇事由に相当する事情とまではいえない。

Yは、Xには、…能力不足や取引先及び同僚とのトラブル等の問題があった（と）するが、…定年前約2年間…の人事評価…を全体としてみると、…解雇事由や退職事由に相当するほど著しく不良であるとはいえない。

本件合意に定められた条件で再雇用されるものと期待することには合理的な理由があると認められる一方、…再雇用しないことは、客観的に合理的な理由を欠き、社会通念上相当とは認められないから、本件解除は無効である。XY間には、定年退職翌日から、本件合意に定められた条件で嘱託雇用契約が存在している。

なお、本件嘱託雇用契約は1年毎の更新である（が）、64歳まで、…更新される期待は極めて高く、原則として更新されるべきものと解される。

2 不法行為の成否

Xに…就業規則違反事由があったこ

とは確かで…、…解除が有効であるか否かは、…一見して明白に、かつ、一義的に決まるものとはいえないから、…解除…が、不法行為に該当すると当然にいえるものではない。…本判決に先行して、賃金の仮払を認容する趣旨の仮処分決定がなされているが、当該決定によって、…雇用関係を巡る権利義務関係が確定するものではないから、Yが、同決定後も…雇用契約がないとしていたことも、不法行為とはいえない。

 応用と見直し

　平成24年の高年法改正前は、定年後の継続雇用制度の対象者について、労使協定で基準を定めることができたが、改正後は、希望する高年齢者全員を雇用する制度となった。経過措置が設けられたものの、年金の支給開始時期と接続するよう適用年齢を段階的に引き上げた結果、現在では、64歳になって初めて対象者基準が適用できることになっている。つまり、60歳定年の段階では対象者基準を適用することはできず、高年法の条文上は希望者全員再雇用ということになる。

　しかし、定年を超えてまで雇用するのは企業にとって加重負担となるケー

スも考えられ、高年法の指針は、就業規則に定める解雇事由または退職事由（年齢に係るものを除く）に該当する場合には、継続雇用しないことができるとしている。ただし、続けて「継続雇用しないことについては、客観的に合理的な理由があり、社会通念上相当であることが求められると考えられる」としているから、解雇権濫用法理に準じてハードルは高く、再雇用拒否ができる場面はかなり限られているといえよう。なお、解雇事由に該当するとして再雇用拒否が有効とされた裁判例としては、NHKサービスセンター事件（横浜地裁川崎支判令3・11・30）がある。

　ところで、再雇用拒否が不当だとしても、何もないところから契約関係は生じないから、なぜ、再雇用契約が成立するのか、契約関係にあることの確認請求は、一般に理論的には難しいものがある。津田電気計器事件（最一小判平24・11・29）は、雇止め法理に関する判例を引用し、雇用継続の合理的期待に言及し、雇止め法理に準じた理論構成をしており、本判決が、「再雇用の期待に合理的理由があった」としているのは、この最判を意識したものと思われる。しかし、本件では、すでに始期付嘱託契約を締結していたの

で「内定」の状況にあり、始期付き・解除権留保付きで契約が成立しているとしたうえで、内定取消しの可否の判断をするという構成が適切だったのではないだろうか。高年法や同指針の趣旨は、内定取消しの可否の考慮要素となるので、結論は同様になったとしても、本件判決について、理論構成が整理されていない感は否めない。高年法上、所定の年齢まで雇用継続の期待があるとしても、「原則として64歳まで更新されるべきもの」という表現も言い過ぎと思われる。

MEMO

解雇

うつ病で２年弱休業状態、有期契約の途中解雇

－郵船ロジスティクス事件－（東京地判令4・9・12）

弁護士　石井　妙子　　　　　　　　　　　　　　　　［労経速2515号8頁］

　うつ病で休業中だった有期契約労働者を、期間途中で解雇した事案。労働者は、うつ病発症はパワハラが原因で労基法の解雇制限に抵触するなどと主張した。東京地裁は、心理的負荷の程度を強度とは評価できず、業務起因性を否定。休業は約1年8カ月に及び、医師の診断書からは症状の改善傾向は窺えず今後の稼働可能性は皆無として、雇用を終了せざるを得ないとした。

労災ではなく私傷病、症状の改善なく直ちに雇用終了可能

 事案の概要

　XはYと平成25年2月から当初3カ月、以後1年の労働契約を締結し、更新を繰り返していたが、平成29年11月、担当している社宅関連業務の外注化を理由に、平成30年4月末日をもって雇止めする旨を告げられた。Xは労働組合に加入し、Yは、団体交渉によるも雇止め前提の解決には至らず、雇止めを撤回して同年5月、契約を更新した。

　一方、Xは、同年2月から抑うつ状態を理由に休業を開始し、契約更新後も就労はできず、Yは、自宅待機、休暇、欠勤、休職等いずれも有給の扱いをし、翌年5月の更新後は、同月16日から無給の欠勤とした。

　Xは、平成31年1月、パワハラ等を理由にうつ病について労災申請をしたが、7月8日付けで不支給決定がなされた（Xは再審査申立）。Yは、令和元年8月27日付け「解雇通知書」により、9月30日付けで解雇する旨の意思表示をした。解雇理由として、Xが平成30年2月から病気休職となり、令和元年5月16日以降も欠勤が継続し、回復・改善の見通しが立たないことから、①労働契約法17条1項の「やむを得ない事由がある場合」、②嘱託就業規則の「勤怠が不良で、改善の見通しがないとき」、嘱託就業規則および社員就業規則の「精神または身体に障害を来し、会社業務に堪え得ず、かつ、回復の見通しが立たないとき」、③「その他止むを得ない事由」

があるとき」に該当するとした。Xは、労災休業中の解雇であって労基法19条1項により無効であるとして地位確認および賃金バックペイを求めるとともに、ハラスメント等への対応が不十分だったとして安全配慮義務違反を理由に慰謝料等を請求して提訴した。

 判決のポイント

1　Xの精神疾患が業務上の疾病に当たるか

Xは、平成29年12月頃、うつ病エピソードを発症したと認めることができる（が）、（次のとおり）心理的負荷の強度を「強」と評価すべき事情…は認められない。

Xは、Yが、…雇止めするために、後付けで（担当）業務の外注化という理由をつけて、…雇止め通告をしたのであるから、…評価表の「退職を強要された」…であり、…心理的負荷…は「強」…と主張する（が）、…（外注化について）経営判断として、不自然・不合理な点はない…。担当業務の消滅による雇止めの判断が不当とはいえず、本件通告をした時期…態様を総合してみると、…心理的負荷…は「弱」と評価すべきである。

（Xがハラスメントと主張する）F課長の言動・態度は、周囲を不快にさせ…同僚・上司として適切さに欠けるところがあったことは否定し難い。もっとも、…指導・注意…には、業務上の必要性が…あり、…Xの人格や人間性を否定するような態様であったともいえない以上、（パワハラやいじめ・嫌がらせではなく）「上司とのトラブルがあった」…に該当する…。心理的負荷の強度は、…「中」…を超えるものとは認められない（業務起因性があるとのXの主張は採用できず、労基法19条違反なし）。

うつ病エピソードの発症に至る過程に安全配慮義務違反も認められない。

2　本件解雇に労働契約法17条の「やむを得ない事由」があったか

Xは、令和元年7月の診断書には、…8月以降も…3か月の療養が必要（とされ）、…1年間の契約期間のうち短くとも半年間は稼働できないことが明らかとなった上、Xの休業期間は、…解雇がされた9月末時点で…約1年8か月に及んでおり、症状が改善傾向にあったなどの事情も窺えず、同年11月1日以降に稼働可能であると見込まれる事情も皆無で、…嘱託就業規

解雇

則の「勤怠が不良で、改善の見込みが
ないとき」、嘱託就業規則及び社員就
業規則の「精神または身体に障害を来
し、会社業務に堪え得ず、かつ、回復
の見通しが立たないとき」に該当する。

その他、Xは、先天性疾患…により
身体障害者等級3級と認定されている
者である（が）、休職に至った原因は、
これらの障害とは特段関係がないので
あるから、Yが合理的配慮を怠った結
果、休職をしたということもできない。
加えて、Yは、（欠勤を続けている原
告に対して特別の配慮として）…有給
欠勤（や）有給休職として扱っている。
…労災保険給付について不支給処分が
され、…私傷病であるとの判断がされ
たのであるから、Yが、これ以上、X
について、就業規則に定めのないよう
な特別な配慮をすることは相当ではな
いと判断したとしてもやむを得ない。

就業規則所定の解雇事由に該当する
と共に、期間満了を待つことなく直ち
に雇用を終了させざるを得ないような
特別の重大な事由に該当するというべ
きであって、…本件解雇は有効である。

応用と見直し

労働契約法17条1項は、やむを得
ない事由がある場合でなければ、その
契約期間が満了するまでの間におい
て、労働者を解雇することができな
いとしている。「やむを得ない」のレ
ベル感として、判例・通説および労
働契約法の通達（平24・8・10基発
0810第2号）は、有期契約の契約期
間は雇用保障の趣旨もあるから、途中
で解雇が認められるのは解雇権濫用法
理のもとで無期契約の解雇が認められ
る場合よりも、範囲は狭いとしている。

よって、仮に欠勤3カ月以上といっ
た解雇事由を定めてありこれに該当す
るとしても、それだけでは足りず、回
復の可能性など諸般の事情を総合し
て「やむを得ない」といえるかどうか
が問題となる。そのため、傷病による
長期欠勤があったとしても、期間満了
まで待って雇止めをするのが無難であ
る。

とはいえ相当に長期な場合はどう
か、という疑問に対する1つの回答が
本判例である。契約期間の半分出勤で
きず、回復の見込みもないとしている
が、その前に長期休業（前回の契約期
間はすべて欠勤）していることにも注
目すべきである。ただ、本件の特例有
給扱いは、パワハラ調査や労災申請の
結果待ちなどの事情もあるので、解雇
のために一般的に必要な対応とまでは
いえないであろう。

なお、本件では令和元年5月に無期転換権行使がなされているが、それはどうなったのか。前記通達は、無期転換権行使の場合は、行使時点で有期契約終了後の無期労働契約が成立しているとしており、雇用関係を終了するためには、現に契約している有期契約の期間途中解雇と、無期契約の解除の2つが必要と解される。一通の解雇通知に両者を盛り込むことは可能であるが、留意点の1つと思われる。

MEMO

解雇

妊娠中の休業を撤回され混乱、業務に支障と解雇

－学校法人横浜山手中華学園事件－（横浜地判令5・1・17）

弁護士　中町　誠　　　　　　　　　　　　　　　　［労判 1288 号 62 頁］

妊娠中の休業の申出を撤回したり、育休の延長申請で業務に支障が生じたとして普通解雇した事案。教員の地位確認請求に対して、横浜地裁は、不利益取扱いに当たり解雇無効と判断。休業中の賃金を6割とする扱いに不満を持ち、撤回することも不合理とはいえないとしている。女性の言動は能力不足を基礎付ける事情とはいい難いとした。育休延長は法の申出期間内だった。

不利益な取扱いで違法無効、
能力不足といえず地位確認認める

事案の概要

本件は、被告が運営する中華学校の教員（原告）が、母性健康管理措置の申出に係る原告の言動や、2度の育児休業の延長の申請が育休期間の終期の直前であったこと等を解雇事由とする普通解雇が無効であると主張して、労働契約上の地位の確認や未払賃金等を求めた事案である。

判決のポイント

1　解雇事由1について、一般に労働者にとって3か月以上にわたる期間の賃金の支払の有無及びその額は重大な関心事であることに照らすと、妊娠中につき新型コロナウイルス感染症への不安のためとして母性健康管理措置としての休業を希望するとの意向を示しつつ、それと同時に休業期間の賃金の支払の有無及びその額について確認を求め、その回答次第では、本件カードの特記事項欄に記載された「別途の措置」である在宅勤務を希望したり、休業の申出を撤回することは、労働者の対応として直ちに不合理なものとはいい難い。

したがって、…母性健康管理措置としての休業が認められた後の原告の言動が原告の職務遂行能力又は能率の不足等を基礎付ける事情となるものとはいい難い。

2　解雇事由2について、（原告の育児休業の各延長申出は適法であり、）期限直前になって育児休業の延長の申出をするなどしたため人事配置等に混乱が生じたなどとして解雇事由に該当するものとすることは、育児休業の申出を理由として当該労働者に対する解雇その他不利益取扱いを禁ずる育児介護休業法10条に違反するものであって許されない。

3　解雇事由3について、労基法65条3項に基づく請求は、その要件を充たす限りにおいて、いつでも使用者に対して請求をすることができるところ、同請求を理由とする解雇その他不利益取扱いは、均等法9条3項により禁じられている。そのため、上記申出につき、2学期が始まる直前であるため…人事配置に混乱が生じたなどとして解雇事由に該当するものとすることは、均等法9条3項及び同法施行規則2条の2第6号に違反するものであって許されない。

　均等法13条1項に基づく母性健康管理措置の申出は、その要件を充たす限りにおいて、同申出の時期について制限はない。そのため、母性健康管理措置としての休業の申出が事前の相談なく突如されたものであり被告の人事配置に混乱が生じたな

どとしてこれが懲戒事由に該当するとすることは、均等法9条3項、13条1項及び同法施行規則2条の2第3号に違反するものであって許されない。

4　解雇事由4について、看護休暇の申請について時期の制限は設けられていない（かえって、看護休暇の性質上、その申請が、申請に係る休暇の直前となることも想定されているとさえいえる）。そのため、原告が運動会の当日朝に連絡をして看護休暇を取得し、それにより被告に業務上の支障が生じたとしても、それをもって解雇事由に該当するものとすることは、育児介護休業法16条の4、同法10条に違反するものであって許されない。

5　解雇事由5について、原告は、（兼業行為に関する）けん責処分について異議を申し立てているところ、懲戒処分に不服を有する労働者が、その撤回を求めて使用者に対して異議を申し立てることは、懲戒処分を受けた労働者の対応として何ら不合理なものではなく、通常想定され得るものであることから、原告が本件けん責処分について異議を申し立てていることが、職務遂行能力又は能率の不足を裏付ける事情に当たるもの

解雇

とはいえない。

6　本件解雇の有効性

本件解雇は、客観的合理的理由を欠き、社会通念上相当であると認めることもできず、権利の濫用として無効である（労働契約法16条）。

また、本件解雇事由1から5までは、解雇事由に該当するとはいえず、客観的合理的理由を欠くものであるから、被告が、均等法9条4項ただし書の「前項に規定する事由を理由とする解雇でないことを証明した」とはいえず、本件解雇は、原告の妊娠中にされたものとして均等法9条4項に違反するといえ、この点においても、本件解雇は無効というべきである（地位確認並びに賃金、一時金及び慰謝料30万円認容）。

 応用と見直し

本件は、母性健康管理措置の申出にかかる原告の対応や2度にわたる育休の延長等の対応などを理由とした普通解雇の当否が争われた事案である。

原告は新型コロナウイルスへの感染不安を理由に均等法13条の母性健康管理措置としての休業の申出をなし、学園側は休業を認めた。しかし、その後原告はその賃金の扱い（6割支給）

に不満を持ち、休業の申し出を撤回し、在宅勤務を希望した。

このような均等法13条の休業の申出を使用者の承認後、撤回できるかどうかは、育児休業の申出の撤回（育介法8条）のような明文の規定がなく、解釈問題となる。本判決は、原告の事情について判決のポイント1のとおり述べ、学園側については原告の言動からその回答次第では休業の希望に影響があり得ることは想定されるところであり、休業決定前に原告の意向をあらかじめ確認すべきであったなどとして、結論として本件における休業の撤回を容認している。しかし、労働法の他分野では、たとえば年次有給休暇の時季指定権の行使後の撤回は使用者の承諾がなければ認められないと解されており、退職の意思表示（合意解約の申し込み）も使用者が承諾したのちの撤回は認められていない。本件では、学園は原告の休業の申出によって、原告の休業の穴を埋めるべく、代替要員（非常勤講師）との雇用契約をすでに締結するに至っていたのである。

したがって、この時点での原告の休業の申出の撤回は信義則に反し、許されないと解すべきであろう。この点について本判決は、原告の翻意を察知して対応すべきというが、学園側にやや

酷な判断といえよう。

　一方、その他の解雇理由は、本判決が述べるとおり、それぞれ指摘の法令に抵触するものばかりであり、仮に前記休業の撤回が信義則違反であったとしても、それのみで本件解雇を正当視するのは困難であろう。

　なお、妊娠中の解雇事案としては、社会福祉法人緑友会事件（東京高判令3・3・4）が園長に対する批判的言動などを理由に解雇したことが、無効と判断されている。上司に対する批判的言動等本件に類似している点があり、参考になろう。

MEMO

解雇

フランチャイズ契約で団体交渉応諾義務あるか

－国・中労委（セブン－イレブン・ジャパン）事件－（東京地判令4・6・6）

弁護士　緒方　彰人　　　　　　　　　　　　　　　　［労判 1271 号 5 頁］

コンビニの FC 加盟店で組織する労働組合が、労組法上の労働者に当たらないとした中労委命令の取消しを求めた。東京地裁は、FC システムの提供事業者と加盟事業者の関係に過ぎず、労務供給関係にないとして労働者性を否定。加盟店の経営は独自の責任と手腕で行われ、事業組織への組入れや労務提供の在り方が一方的、定型的に定められているとはいえないとした。

裁量有する事業者、労務供給せず労働者性なし

 事案の概要

　原告はコンビニエンス・ストアの店舗を経営する加盟者らを組合員とする組合、参加人はフランチャイズ・チェーン（FC）を運営する会社である。

　原告は、参加人に対し平成 21 年 10 月 22 日～11 月 30 日にかけて「団体交渉のルール作り他」を議題とする団体交渉を申し入れたが、参加人は、組合の組合員である加盟者は独立した事業主であり、参加人と労使関係にはないと認識しているなどとして上記申入れに応じなかった。

　原告が不当労働行為救済申立てを行ったところ、岡山県労委は原告の組合員である加盟者が労組法上の労働者に当たるとして救済命令を発したが、中労委は同命令を取り消し、原告の救済申立てを棄却する旨の命令をしたため、原告が中労委の棄却命令の取消しを求めて訴えを提起した。

 判決のポイント

① 本件フランチャイズ契約において、(1)参加人は、加盟者に対し、セブンイレブン・システムによる加盟店を経営することを許諾し…継続的に経営の指導や技術援助、各種サービスを行うことを約し、他方、加盟者は、参加人の許諾の下に加盟店の経営を行い、…参加人に一定の対価を支払うことを約束した…、(2)参加人と加盟者は…ともに独立した事業者であり、加盟店の経営は、加盟者

の独自の責任と手腕により行われ、その判断で必要な従業員を雇用する等、使用主として全ての権利を有し、義務を負う旨などが規定されている…。実態としても…参加人と独立した立場で、従業員の採否・労働条件等を決定し、他人労働力を使用するとともに、商品の販売・サービスの提供について独立の事業者と評価するに相応しい裁量を有し、店舗の立地・契約種別・共同フランチャイジー・複数出店の選択についても自ら判断・決定し…店舗運営業務の内容や程度についても、加盟者自身の判断により決定している。…加盟者は、参加人から個別具体的な労務の提供を依頼され、事実上これに応じなければならないという関係に立つものでもなく…参加人の事業の遂行に不可欠な労働力として組織に組み入れられていると認めることもできない。

② 加盟者は、…参加人から月次引出金等の支払を受けるところ、これは、加盟者が加盟店における商品の販売やサービスの提供の対価として顧客から得た収益を獲得しているものであって、加盟者が本件フランチャイズ契約上の何らかの義務の履行をしたことに対する報酬であると評価す

ることはできない。

③ 本件フランチャイズ契約は、加盟店の…経営の在り方に一定の制約を課す…ものの、加盟者が、加盟店の経営を、自己の労働力と他人の労働力のそれぞれを、どのような割合で、どのような態様で供給することによって行うかや、加盟者自身の具体的な労務提供の内容については、加盟者の判断に委ねられている。…加盟者の労務提供の在り方が一方的・定型的に定められているものと評価することはできない。

④ 加盟者は、本件フランチャイズ契約…上…年中無休かつ24時間、加盟店を開店し、営業することを義務付けられ…かかる制約は、加盟店の事業活動に関するものであって…加盟者の労務提供が時間的に拘束されているとはいえない。加盟者は、加盟店の立地を自ら選択しているから、加盟者が何らかの場所的拘束を受けていると評価することはできない。加盟者は、自身が担当する店舗運営業務の内容や程度について、加盟者自身の判断により決定している…。したがって、加盟者が参加人の指揮命令下において労務を提供していると評価することはできない。

⑤ 加盟者が独立した事業者としての

実態を備えているかについて検討するまでもなく…労組法上の労働者に該当しない。

 応用と見直し

　労組法の労働者は、労基法の労働者とは別の概念であり、「労使関係法研究会報告書」（平成23年7月）によれば、①事業組織への組入れ、②契約内容の一方的・定型的決定、③報酬の労務対価性を基本的判断要素としつつ、④業務の依頼に応ずべき関係、⑤広い意味での指揮監督下の労務提供、一定の時間的場所的拘束を補充的判断要素とし、⑥顕著な事業者性があることを消極的判断要素とする考え方が示されている。

　本判決は、①～⑥を総合考慮する立場に立つものであるが、労組法の労働者が、労基法の労働者とは異なり、上記の要素により判断されるのは、労組法の労働者には、売り惜しみの利かない自らの労働力という特殊な財を提供して対価を得て生活するがゆえに、相手方との個別の交渉においては交渉力に格差が生じ、契約自由の原則を貫徹しては不当な結果が生ずるため、労働組合を組織して集団的な交渉による保護が図られるべき者が幅広く含まれる

と解されることによる。すなわち、労組法の「労働者」は、必ずしも、労働契約関係になくても、使用者に対し労働力という特殊な財を提供しその対価を得るという労務供給関係にあることを前提としている。

　これに対し、本件フランチャイズ契約は、参加人が、加盟者に対し、フランチャイズ・システムによる加盟店の経営を許諾し、継続的に経営の指導や技術援助、各種サービスを行うことを約し、他方、加盟者は、参加人の許諾の下に加盟店の経営を行い、これについて参加人に対し一定の対価の支払いを行うことを基本的内容とするものである。このフランチャイズ関係においては、参加人のフランチャイズ・システムの提供と、加盟者の同システムの利用とが対価関係に立っており、加盟者が参加人に対し労務供給をしたり、その対価としての報償を得るという関係にはない。加盟者は、独立起業を低いリスクで実現したり、既存店舗の経営を合理化・効率化するために、同システムの利用を望み参加人との間でフランチャイズ契約を締結して、同システムの利用に伴う対価を支払い、同システムを利用して店舗経営を行う事業主であり、自身の労務遂行の在り方や他人労働力の活用の仕方などを、裁量

的に判断しながら店舗経営を行うものである。

　このような加盟者の労務遂行の在り方は、店舗経営のために向けられたものであり、参加人のフランチャイズ・チェーンの運営に向けられたものとはいえない。このように加盟者は、参加人に対し労務供給を行いその報償たる対価を得るという関係にないため、そもそも労組法の労働者というための前提を欠くものといえよう。

MEMO

労働組合

組合員の解雇を不当労働行為とした労委命令は

－広島県・県労委事件－（広島地判令5・3・27）

弁護士　中町　誠

［労経速2516号21頁］

労働組合の執行委員長らの解雇を不当労働行為とされた会社が、県労委の救済命令取消しを求めた行政訴訟。広島地裁は、通勤手当の不正受給や配転拒否を理由とした解雇には合理性、相当性が認められ、懲戒処分等は組合嫌悪が決定的な動機ではないと判断。不正受給に関し反省の態度を示さず、配転拒否にも合理的理由がないことや、弁明の機会を与えたことも考慮した。

組合嫌悪が決定的動機でなく、懲戒は合理性有する

 事案の概要

　被告補助参加人組合は、原告（法人）が、参加人に単組加盟したT労働組合の組合員であるEおよび執行委員長であるFを解雇したことについて、広島県労働委員会に対し、救済命令の申立てをした。

　これに対し、同委員会は、E解雇およびF解雇が労働組合法7条1号および3号の不当労働行為に該当するとして、原告に対し、(1)E解雇およびF解雇をなかったものとして原職または原職相当職に復帰させ、同人らに対し復職までに得たであろう賃金相当額と遅延損害金を支払うことを命じる（第1項）とともに、(2)EおよびFに対し両人の解雇が不当労働行為であると認め

られたことおよび今後このような行為を繰り返さないことが記載された文書を交付することを命じる（第2項）旨の救済命令（以下「本件救済命令」という）を発した。

　本件は、原告が、本件救済命令の取消しを求めた事案である。

 判決のポイント

(1)　本件解雇が労組法7条1号又は3号の不当労働行為に該当するというためには、原告に不当労働行為の意思、すなわち反組合的な意思又は動機があったと認められる必要があるところ、E解雇が合理性や相当性を欠くことが明らかな場合には、原告に上記のような意思又は動機があっ

たことを推認し得る。

(2) Eは、…通勤手当の不正受給が本来許されないものであることを認識しながら、通勤手当が減額される事情を秘して本件通勤手当を受給し続けたといえる。…原告が、本件不正受給が規則…の「故意又は重過失により災害又は営業上の事故を発生させ、法人に重大な損害を与えたとき」に該当すると判断したことについては十分な理由がある。Eが…管理者として（の）立場にあったこと、…反省の態度を全く示していないこと…Eには…弁明の機会を与えられていることや退職勧告による自主退職の機会も付与していることも踏まえると、…解雇は合理性、相当性を欠くことが明らかであるとまではいえない。

　（さらに）被告が主張する原告側の言動等からも、原告が反組合的意思又は動機を有していたと認めるには足りず、そのほかに同意思又は動機を有していたと認めるに足りる事情はない。

(3) 本件配転命令は、…E解雇に伴い当該箇所のサービス管理責任者にA理事を充てざるを得ず、その結果、他に唯一サービス管理責任者の資格を持つFを配転先に配置する必要性

があったための措置であったこと、原告は、…いきなり配転を行うと職場の状況や利用者の混乱を招くというFの意見を尊重して、本件移行期間を設けることを合意…していたこと、令和3年3月の配置転換の内示及び同年4月1日の本件配転命令に反対し、原告側の説得等を受けて一度は本件配転命令を前提とする本件移行期間について合意したFが、再び本件配転命令に従うことを拒否し、原告が繰り返し説得を続けたにもかかわらず、さしたる合理的理由も述べないまま、本件配転命令を明確に拒絶し続けたこと、…Fの地位は従前と同様、…責任者であること等に照らし、本件配転命令拒否（を理由に）…Fを通常解雇とすることが合理性、相当性を欠くとまではいえない。

　原告側の言動等から原告が反組合的意思又は動機を有していたと認めることができ（ず）、…本件組合への嫌悪が決定的な動機となってされたものとは認められない（請求認容）。

 **応用と見直し**

　本件は、労組法7条1号の不当労

働行為の「不利益取扱い」の該当性について、労働委員会（以下「労委」という）と裁判所が見解を異にした事案である。就業規則に抵触する組合員の行為に対する処分についての不当労働行為の成否に関しては不当労働行為意思が不利益処分の決定的動機かどうかで判断する説（決定的動機説）や、不当労働行為意思がなければ不利益処分は通常なかったであろうという相当因果関係があれば不当労働行為の成立を認める説（相当因果関係説）などがある。最高裁は、東京焼結金属事件（最三小判平10・4・28）において、決定的動機説に立つ原審（東京高判平4・12・22「原審判決」という）を支持しているものの判断基準に関する具体的な説示はなく、下級審および学説では見解が分かれている。ちなみに、原審判決は不利益取扱いが不当労働行為に該当するには、反組合活動の意思が、当該措置（処分）の（業務上の）必要性よりも優越し、決定的な動機であったことを必要とするとの判断枠組みを提示している。

本判決は、判文で「決定的な動機」の用語を用いているので決定的動機説に立つものといえよう。本判決は、まず本件解雇が合理性や相当性を欠くか否かを検討する（これらを欠く場合は不当労働行為の意思を推認させるとする）。労委は、E解雇について弁明の機会の準備期間の不足や、不正受給の返還の事実を主張するが、本判決は、弁明の機会は懲戒委員会前にも十分にあったとし、法人は返還の事実を踏まえ退職勧告（いわゆる諭旨退職）の措置をとっており、一方本人に反省の姿勢がみられないこと等相当性に欠くところはないと判断している。

また、F解雇について、労委は本件配転の正当性は認めるものの弁明の準備期間の不足や説得の不足等の手続き上の瑕疵を主張するが、本判決は、本件配転拒否は法人の説得にもかかわらず本人の合理的理由のない頑なな対応に起因するものであり、本件解雇は合理性、相当性を欠くものではないと判断する。

次に本判決は、労委が原告の組合嫌悪の証拠とした原告幹部の発言を詳細に検討し、それらの発言が組合嫌悪の有力な証拠とはいえないとする。そして、本件各解雇の合理性、相当性を具備している一方、組合嫌悪の証拠が不足していること等を理由に本件の不当労働行為性を否定している。本件処分の必要性よりも反組合の意思が優越しているとはいえないとの決定的動機説による判断といえよう。仮に、相当

因果関係説に立ったとしても、不当労働行為を認定するのは一層困難であろう。本件は、組合の執行委員長と組合の中心的立場にある組合員の解雇であるが、一般的には本来懲戒解雇相当ともいえる事案（一方は2年にわたる故意の通勤手当の不正受給でかつ反省を全く示していない事案であり、片や正当な配転命令の理由のない拒否）について、一等減じて退職勧奨処分や通常解雇にしている点など周到な配慮が窺われ、実務的に参考となろう。

（後注）
広島高裁は令和5年11月17日原審を支持して、広島県労委の控訴を棄却した。

MEMO

労働組合

4年前にうつ発病、過重労働で悪化と労災請求

－北九州東労基署長事件－（福岡地判令4・3・18）

弁護士　渡部　邦昭

［労経速 2499 号 9 頁］

　4年前にうつ病を発症し、その後悪化したのは業務に起因するとして、労災保険給付の不支給処分取消しを求めた。福岡地裁は発病と業務の相当因果関係は否定したが、症状が悪化した直前の残業数は月 100 時間に達するなど心理的負荷は強として請求を認容。顕著に悪化したのは 15 日連続勤務の最終日だった。発病当時の上司から再び指導等を受けたことも考慮した。

業務量増え心理的負荷"強"直近は残業月 100 時間

 事案の概要

　甲は大学卒業後の平成 14 年 4 月 1 日、A社に入社し、平成 21 年 12 月 1 日〜 27 年 4 月 1 日の間、B社に出向していた。甲は出向前後を通して、一貫してシステムエンジニア業務に従事した。

　出向中の平成 23 年 4 月 25 日、甲は、「うつ病、不安障害」と診断され、同日以降体調不良を理由に休業したが、同年 7 月ごろ出向先に職場復帰し、休業前と同じB社内のグループに配属された。その後、甲は、平成 26 年 8 月ないし 9 月頃から 27 年 3 月末までの間、人材システム再構築プロジェクトに参加していた。

　出向期間を終え、帰任直後である平成 27 年 4 月 3 日、年休を取得してa病院を受診し、土日を挟んで同月 6 日には出勤したが、7 日に再び通院した際には、医師に対して、体調が悪いことや手がしびれている感覚があることを相談した。そして甲は、同月 14 日、かかりつけであるZ病院を受診したところ、うつ病・不安障害と診断され、同日以降A社を休職した。

　甲は、業務に起因して平成 23 年 4 月に「うつ、不安障害」を発病し、27 年 4 月に症状が悪化したと主張し、北九州東労働基準監督署長（処分行政庁）に対して労災法に基づく療養補償給付の支給を請求したところ、処分行政庁は平成 28 年 6 月 20 日付で、同給付を不支給とする処分を行った。そこで甲は、本件不支給処分の取消しを

求めた。

本件の争点は、①甲の「うつ、不安障害」の発病が業務に起因しているか、②業務に起因して悪化したといえるかである。本判決は、①は否定したが、②を肯定して、本件不支給処分を取り消した。

 判決のポイント

1 本件発病の業務起因性について

精神障害に係る業務起因性の有無…は、認定基準を参考にしつつ、個別具体的な事情を総合的に考慮することが相当…である。

(ｱ) 原告がインシデント管理業務や年度切替作業を担当したことは、「仕事内容・仕事量の（大きな）変化を生じさせる出来事があった」…に該当するといえるものの、その心理的負荷としては、せいぜい「中」に留まる。

(ｲ) ｂ（原告が従事する業務のリーダー）と甲とは、上司と部下という関係に類似する関係にあったといえるから、…出来事（強い叱責）は、実質的に、「上司とのトラブルがあった」…に該当すると評価できるものの、業務指導の範囲を逸脱していた

とは認められず、その心理的負荷としては、せいぜい「中」に留まる。

(ｳ) 本件発病前の甲の１カ月当たりの時間外労働時間数は、最大でも60時間程度であり、上記 (ｱ)、(ｲ) の出来事と総合的に評価しても、その心理的負荷が強まる程度に達していたとは認められない。甲は、…「２週間以上にわたって連続勤務」…を行っている。しかし、それぞれのモバイル担当業務のみを行った日の労働時間数は１時間30分にとどまり、…その心理的負荷は「小」に留まる。

本件発病前の出来事の心理的負荷は、いずれも「小」ないし「中」に留ま…り、…精神障害を発病させる程度に強度…とは認められない。

2 本件悪化の業務起因性について

(ｱ) 甲は、平成27年2月まで、同僚 ａと２人体制で評価システムの構築等…業務を行っていたが、…3月以降、この業務を１人で行うことになったこと…、…外部メーカー側のミスなどによって業務が遅延し、…同年３月３日から同年４月２日までの１カ月間の時間外労働時間数は、概ね100時間に達し、…15日間の連続勤務を行うこととなった。かかる出来事は、「仕事内容・仕事量の（大

労働災害

きな）変化を生じさせる出来事があった」…や「複数名で担当していた業務を1人で担当するようになった」…に該当し、特に、仕事量が増加して著しく時間外労働時間数が増え、…心理的負荷は「強」と評価すべきである。

(イ) 甲は、平成26年8月頃から、…bがリーダーを務めるプロジェクトに参加し、同年10月頃以降は、…直接メールのやりとりをする場面も増えていた。この頃は、本件発病時とは異なり、甲がbから強い指導を受けたといった事情は認められないが、かつてトラブルのあった上司から再び指導等を受けることは、…それ自体一定の心理的負荷を生じさせる出来事であるといえる。「上司とのトラブルがあった」に類する出来事として、心理的負荷を「弱」ないし「中」と評価すべきである。

(ウ) 甲の発病を踏まえた総合評価

本件悪化前には、心理的負荷を「強」とすべき出来事があったと認められ、業務による心理的負荷が、…精神障害を悪化させる程度に強度…というべきである。

また、…本件悪化以前に甲が寛解に至っていたとまでは認められないものの、平成27年2月頃の時点で甲の病状は相当程度安定していたこと、甲には、同月下旬頃から、病状悪化の兆候が見られるところ、この頃は丁度、aが業務から離れることとなり甲の業務量が増大し始めた又は増大することが現実的に予想されるようになった時期であり、甲の病状が顕著に悪化したといえる同年4月2日は、まさに15日間連続勤務の最終日であり、…病状は業務上の負担に応じて悪化に向かっていることからすると、本件の症状の悪化は、甲の病状が自然的に増悪したものではなく、まさに業務に内在する危険が現実化したものと認められる。

本件の病状の悪化については、業務との相当因果関係（業務起因性）が認められる。

 応用と見直し

本件は、精神疾患の発病との相当因果関係を否定しながら、4年後の症状悪化との業務起因性を認めて労災法に基づく療養補償給付の不支給処分を取り消したものである。

厚生労働省の認定基準（平23・12・26基発1226第1号、令2・8・21基発0821第4号）によると業務上と認められるには、①対象疾病を発

症していること、②発病前おおむね６カ月間に業務による強い心理的負荷が認められること、③業務以外の心理的負荷および個体側要因により対象疾病を発病したとは認められないことの３つの基準を具備していることが必要とされている。とくに、②については、精神障害の労災認定基準に照らして、心理的負荷の総合評価が「強」と判断された場合には、業務上災害となる。相当因果関係の有無の判断は最終的には裁判所が下すべき法的判断であり、平均的労働者を基準として社会通念に従って判断するという本判決の法的枠組みは合理的かつ相当である。

行政処分と裁判所の判断基準が異なるのは、行政処分は迅速かつ画一的処理を目的として定められているのに対し、裁判所の判断は正義公平の実現の観点から個別具体的な事情を総合的に検討するからである。いずれにしても、本件は相当因果関係の認定判断は相当に微妙であり慎重な審理判断が求められるといえる。

MEMO

労働災害

著者略歴 （50音順）

弁護士　石井　妙子 （いしい　たえこ）

太田・石井法律事務所 （千代田区一番町13　ラウンドクロス一番町6階）
　昭和61年4月弁護士登録（第一東京弁護士会）。平成30年経営法曹会議事務局長（現在、常任幹事）。専門分野は人事・労務管理の法律実務。
　　＜著書＞　「問題社員対応の法律実務」（経団連出版）
　　　　　　　「続　問題社員対応の法律実務」（同上）
　　　　　　　「改訂版　最新実務労働災害」共著（三協法規出版）など

弁護士　岩本　充史 （いわもと　あつし）

安西法律事務所 （中央区銀座3－4－1　大倉別館3階）
　平成11年弁護士登録（第一東京弁護士会）。駒澤大学大学院法曹養成研究科法曹養成専攻非常勤講師。東京簡易裁判所民事調停委員。内閣官房内閣人事局専門調査員。
　　＜著書＞　「別冊ビジネス法務・不況下の労務リスク対応」（中央経済社・共著）
　　　　　　　「人事・労務における法務とリスクマネジメント～コンプライアンスとトラブル防止のための法務知識と具体的実務対応～」（企業研究会・共著）
　　　　　　　「労働契約法の実務－指針・通達を踏まえた解説と実践的対応策－」（民事法研究会・共著）

弁護士　税理士　牛嶋　勉 （うしじま　つとむ）

牛嶋・和田・藤津・吉永法律事務所 （千代田区一番町5－3　アトラスビル5階）
　昭和51年弁護士登録。昭和57年税理士登録。平成17年新司法試験考査委員（租税法）。平成29年経営法曹会議代表幹事（現在、顧問）。
　　＜著書＞　「出向・転籍・退職・解雇」（第一法規・編著）
　　　　　　　「パート・アルバイト・嘱託・派遣・出向」（第一法規・編著）
　　　　　　　「現代労務管理要覧」（新日本法規・編著）
　　　　　　　「社員の問題行為への適正な対応がわかる本」（第一法規・共著）

弁護士　岡芹　健夫 （おかぜり　たけお）

髙井・岡芹法律事務所 所長 （千代田区九段北4－1－5　市ヶ谷法曹ビル902号室）
　平成6年弁護士登録（第一東京弁護士会）。経営法曹会議幹事。筑波大学法科大学院講師。日本人材派遣協会監事。東京指定自動車教習所協会監事。
　　＜著書＞　「人事・法務担当者のためのメンタルヘルス対策の手引」（民事法研究会）
　　　　　　　「雇用と解雇の法律実務」（弘文堂）
　　　　　　　「労働条件の不利益変更　適正な対応と実務」（労務行政）
　　　　　　　「労働法実務　使用者側の実践知」（有斐閣）

弁護士　**緒方　彰人**（おがた　あきひと）

加茂法律事務所 パートナー弁護士（中央区八重洲２－８－７　福岡ビル７階）
　　平成 12 年弁護士登録（第一東京弁護士会）。経営法曹会議所属。
　　主に人事労働、会社法務（商事・民事事件等）、倒産法務、損保事件などを手掛ける。令和 5
　　年 8 月に逝去。
　　＜著書＞　「Ｑ＆Ａ建設業トラブル解決の手引き」（新日本法規出版・共著）
　　　　　　　「現代　労務管理要覧」（新日本法規出版・共著）
　　　　　　　「賃金・賞与・退職金の実務Ｑ＆Ａ」（三協法規出版・共著）
　　　　　　　「多様な働き方の実務必携Ｑ＆Ａ」（民事法研究会・共著）

弁護士　**中町　誠**（なかまち　まこと）

中町誠法律事務所（中央区銀座７－８－５　植松ビル９階）
　　昭和 53 年弁護士登録（第一東京弁護士会）。経営法曹会議常任幹事。
　　平成 19 年 4 月〜 22 年 3 月　東京大学法科大学院客員教授（労働法実務家教員）
　　＜著書＞　「最高裁労働判例４・５・６・７・10」（日経連・共著）
　　　　　　　「労働法実務ハンドブック（第３版）」（中央経済社・共著）
　　　　　　　「労働条件の変更（第２版）」（中央経済社）
　　　　　　　「論点体系　判例労働法１」（第一法規・共著）

弁護士　**渡部　邦昭**（わたなべ　くにあき）

渡部総合法律事務所（広島市中区上八丁堀８－ 14　安芸リーガルビル４階）
　　昭和 51 年 12 月　大阪弁護士会より広島弁護士会に登録換え、平成 7 年広島弁護士会副会長。
　　経営法曹会議に所属。主として中小企業の人事労務問題、会社法務（商事・民事・倒産）問題、
　　相続問題などを手掛ける。
　　＜著書＞　「転職・中途採用をめぐる法律実務」（広島県経営者協会監修）
　　　　　　　「労働法実務ハンドブック」（中央経済社・共著）
　　　　　　　「ロータリーと学び」（広島陵北ロータリークラブ監修）

経営側弁護士による
精選　労働判例集　第 14 集

2024 年　6 月 28 日　初版

著　　者　　石井　妙子　　岩本　充史
　　　　　　牛嶋　勉　　　岡芹　健夫
　　　　　　緒方　彰人　　中町　誠
　　　　　　渡部　邦昭

発 行 所　　株式会社労働新聞社
　　　　　　〒 173-0022　東京都板橋区仲町 29-9
　　　　　　TEL：03-5926-6888（出版）　03-3956-3151（代表）
　　　　　　FAX：03-5926-3180（出版）　03-3956-1611（代表）
　　　　　　https://www.rodo.co.jp　　　　pub@rodo.co.jp
表　　紙　　尾﨑　篤史
印　　刷　　モリモト印刷株式会社

ISBN 978-4-89761-988-0